KB150188

2배속으로 월급 독립

—— 푼로열과 함께하는 자동수익 월 천만 원 프로젝트! ——

# 2배속으로
# 월급 독립

베가북스
VegaBooks

# 목차

## 6 경제적 자유로 가는
### PART 마인드셋

## 프롤로그

> ### 당신의 자유를 위한 지침서

    39,000원, 29,000원, 39,000원, 또 39,000원… 내가 잠자는 동안에도 온라인에서는 나를 위해 일하는 시스템이 돌아간다. 어제는 94달러, 오늘은 72달러… 달러로 돈을 벌어오는 시스템도 있다. 나는 몇 가지 시스템이 나를 대신해 일하도록 만들어 둔 1인 온라인 창업가다. 2년 전까지만 해도 잠을 자면서 돈을 번다는 생각은 꿈에도 하지 못했다. 그 당시만 해도 나는 하루에 12시간 이상 일했다. 하지만 내 수중에는 항상 돈이 없었다. 매번 시간에 쫓기고 경제적으로도 여유롭지 못한 힘든 하루가 반복됐다.

그로부터 2년이 지났다. 요즘 나는 알람을 맞추지 않고 자유롭게 일어난다. 일하고 싶을 때 일하고 쉬고 싶을 때 쉰다. 잠시 여행을 떠나고 싶다면 언제든 떠날 수 있다. 불과 2년 만에 나는 시간적 자유와 경제적 여유를 모두 얻었다. 그렇다고 내가 부자인 것은 아니다. 나는 으리으리한 건물을 소유하지도 못했고, 수십억 자산을 일군 것도 아니다. 그저 자유도가 높은 일상을 살아가며 하고 싶은 일을 통해 돈을 버는 1인 창업가일 뿐이다.

도대체 2년간 나에게 무슨 일이 있었기에 이런 자유도 높은 삶을 얻었을까? 2년이라는 시간 동안 내가 한 일이라고는 온라인에서 지식과 경험을 담은 정보성 콘텐트를 꾸준히 올린 것이 전부다. 정확하게는 1년 6개월이 걸렸다. 내 지식과 경험에 반응하는 사람들이 조금씩 생기기 시작했고, 결과적으로 그들은 내가 가진 정보에 가치를 느끼는 인포디언스(Infodience)가 되었다. '인포디언스'란 정보를 의미하는 Information과 청중을 뜻하는 단어 Audience의 합성어로 '정보를 원하는 관객'이라는 의미를 띠고 있다.

어쩌면 '인포디언스'라는 말이 당신에게 생소한 개념일 수도 있다. 쉽게 말해서 '인포디언스'는 온라인에서 공통된 관심사를 가진 사람들을 지칭하는 개념이다. 공통된 관심사를 가진 사람들을 모으면 그들을 대상으로 비즈니스를 만들 수 있다. 나는 '나만의 콘텐트'를 꾸준히 올린 행위로 나와 공통된 영역에 관심이 있는 사람들을 끌어모았다. 놀라운 사실은 그 과정에서 큰돈이 들어가지 않았다는 것이다. 콘텐트를 통해 사람을 모으는 일은 돈이 주재료가 아니라 지식과 경험이 주재료기 때문이다.

　그렇게 인포디언스를 모아 직접 나만의 직장을 만든 지금의 내 삶은 어떤가? 나는 더 이상 사람 가득한 지하철에 끼여서 출퇴근할 필요도 없고, 하기 싫은 일을 억지로 할 필요도 없다. 누군가의 비위를 맞추기 위해 억지로 술을 먹거나, 집에 가고 싶어 상사의 자리를 힐끔거릴 필요도 없다. 침대에서 일어나 노트북을 열고 글을 쓰기 시작하면 그것이 곧 출근이다. 반대로 노트북을 닫으면 퇴근이다.

　나도 불과 몇 년 전까지는 돈을 잔뜩 벌어 은퇴한 뒤에나 지금과 같은 자유를 누릴 수 있다고 생각했다. 그래서 자유를 얻기 위해 26살에 거창한 프랜차이즈 사업을 했다. 회사는 50개 이상의 가맹점을 유치하며 생각보다 빠르게 커졌다. 30명이 넘는 직원이 생길 정도로 회사가 성장했으나 아이러니하게도 나는 불행해졌다. 자유를 위해 시작한 사업이 되려 내 자유를 뺏어갔다. 그 고단했던 과정과 당시 삶을 바꾼 결정 역시 이 책에서 모두 설명할 것이다.

그렇다고 나는 당신에게 퇴사를 강요하는 사람이 절대 아니다. 이 책은 '회사에 다니는 것은 바보 같은 짓이다.' 따위의 이야기를 하지 않는다. 오히려 당신의 직장생활을 누구보다 응원하고 지지한다. 이 책은 현재 직장을 다니며 언젠가 자신만의 사업을 하겠노라 꿈꾸는 사람들에게는 사업을 보다 안전하게 시작할 수 있는 로드맵을 제공할 것이다. 반면 아직 직업을 갖지 않은 채 창업을 꿈꾸고 있는 사람들에게는 새로운 창업의 방향을 제시한다. 내가 왜 '10억 원의 투자를 유치한 젊은 CEO' 타이틀을 내려놓았는지, 그리고 내가 왜 지금은 홀로 비즈니스를 하고 있는지, 이 책을 읽다보면 당신도 그 이유를 알게 될 것이다.

특히 자유롭게 살고 싶어서 사업을 꿈꾸고 있는 사람이라면 이 책이 큰 도움이 되리라 믿는다. 나는 누구나 자신이 가진 지식과 경험, 스토리를 가지고 온라인에서 돈을 벌 수 있다는 사실을 알려주고자 이 책을 썼다. 당신이 미처 찾지 못하고 잠들어 있는 본인만의 콘텐트를 깨우고, 그걸 돈으로 만드는 과정을 하나하나 배워보길 바란다.

돈을 버는 방법과 동시에 중점을 두고 있는 부분은 '시간적 자유'다. 그렇기 때문에 내가 구축한 자동 수익창출 시스템이 어떻게 설계되어 있는지를 모두 책에 설명해두었다. 인풋과 아웃풋이 간단하지만 확실하게 수익을 창출하면서도 시간적 자유를 보장하는 이 시스템을 이해한다면 당신도 남들보다 훨씬 더 빠르게 부를 축적할 수 있다.

이 책은 삶에 있어 자유가 최고의 가치라고 생각하는 내가 어떻게 자유를 얻기 위해 지금까지 달려왔는지, 자유를 얻은 방법은 무엇이었는지에 대한 내용을 모두 담고 있다. 당신이 성공하고 싶은 자유주의자라면 나는 이 책을 통해 당신에게 도움을 줄 수 있다. 자유를 갈망하는 이 시대의 자유주의자들에게 이 책을 바친다.

이제부터 나는 당신의 가치관을 뒤흔들 이야기를 이 책 전반에 걸쳐서 해나갈 예정이다. 지금 충분히 행복하고, 여유로우며, 자유로운 삶을 살고 있다면 이 책을 굳이 읽지 않아도 좋다. 그러나 일하는 것이 즐겁지 않고, 경제적으로 항상 고민을 겪고 있으며, 시간적인 자유가 없는 삶에 스트레스를 느끼고 있다면 꼭 책을 끝까지 읽길 바란다. 당신이 가진 지식과 경험이 어떻게 당신을 자유롭게 그리고 경제적으로 풍요롭게 만들어 줄 수 있는지, 지금부터 본격적인 이야기를 시작해보자.

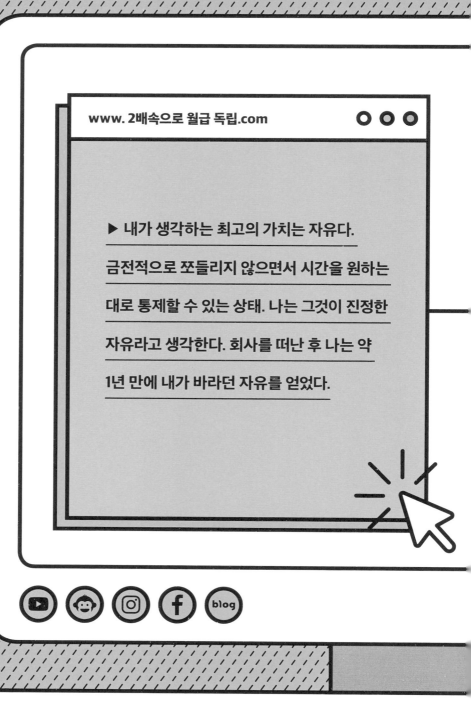

www. 2배속으로 월급 독립.com

▶ 내가 생각하는 최고의 가치는 자유다.

금전적으로 쪼들리지 않으면서 시간을 원하는

대로 통제할 수 있는 상태. 나는 그것이 진정한

자유라고 생각한다. 회사를 떠난 후 나는 약

1년 만에 내가 바라던 자유를 얻었다.

### PART 1

# 자유를 찾아서

# 열심히 살았더니 가난해지더라

통장 잔고 20만 원. 3년 가까운 시간을 쉬지 않고 일한 결과다. CEO 자리를 박차고 나왔을 때 내 수중에 있는 현금은 그게 전부였다. 이 책을 쓰고 있는 지금으로부터 불과 1년 6개월 전, 나는 상당히 처참한 현실에 처해 있었다. 지칠 대로 지친 몸은 매일 아침 침대에서 벗어나는 것을 거부했다. 새벽이면 온갖 고민과 스트레스로 잠들지 못했고, 아침에는 피곤함에 코피를 쏟아야 했다. 몸을 갈아 넣어 일하고 있음에도 금전적으로 쪼들리는 현실은 달라지지 않았다. 매일 같이 '내가 도대체 뭘 하고 있는 걸까?'라는 질문을 속으로 되뇌었다. 직원들의 눈을 피해 건물 복도 한쪽에 있는 의자에 멍하니 앉아 있는 CEO. 회사를 떠나겠다는 결심을 내리기 직전 나의 모습이었다. 시간을 자유롭게 쓰면서 돈을 많이 버는 방법은 없는 것인가? 이게 내가 그토록 꿈꿔왔던 '사업'의 현실이란 말인가? 앞날이 캄캄했다. 이렇게 몇 년을 더 살아야 할지 지금의 고통스러운 일상이 끝나긴 할지 막막한 마음뿐이었다.

돌이켜보면 그 처참했던 상황이 지금의 나를 만들었다고 해도 과언이 아니다. 그것은 확실하게 내 삶의 터닝포인트로 작용했고, 내 가치관을 뒤흔들었다. 가치관이 바뀌면 인생이 바뀐다. 그래서 불과 1년 6개월이 지난 지금, 나는 그때와 비교할 수 없을 정도로 다른 인생을 살고 있다.

잠깐 내 이야기를 해보자면, 나는 올해 서른이 된 많지 않은 나이지만 살면서 지금까지 가치관을 크게 바꾼 두 번의 터닝포인트를 겪었다. 첫 번째 터닝포인트는 내가 고등학교 1학년 때 일어났다.

우리 집은 내가 어릴 적부터 줄곧 가난했다. 아버지의 사업이 실패하면서 우리 집은 큰 빚을 졌다. 그 결과 우리 가족은 욕실도 없는 낙후된 단칸방에서 살아야 했다. 재개발로 인해 그 단칸방에서 쫓겨나 강제로 이사해야 했던 날, 나는 별생각 없이 '더 이상 볼일 보러 밖에 나가지 않아도 된다.' 며 기뻐했다. 그전에 살던 집에서는 볼일을 보려면 밖에 있는 재래식 화장실을 사용해야 했기 때문이다. 철이 없다고 해도 좋다. 그때 나는 겨우 초등학교 3학년이었다.

새로 이사한 곳은 다세대 주택의 반지하 방이었다. 보증금 500만 원에 월세 25만 원, 우리 가족은 여전히 월세방을 전전하고 있었다. 고등학교 1학년 첫 번째 터닝포인트를 경험한 그 날 아침, 주말이었음에도 이상하게 눈이 일찍 떠졌다. 다시 잠이 오지 않아 그냥 눈을 감고 누워 있는데 주인집 아주머니가 집에 찾아오셨다. 어머니는 내가 여전히 자는 줄 알고 집 문 앞에서 주인집 아주머니와 조용히 대화를 나눴다. 그때 큰 소리가 들렸다. "이게 몇 번째야! 우리도 더 이상은 곤란해!" 주인집 아주머니 목소리였다. 그리고는 연거푸 죄송하다고 말하는 어머니의 목소리가 들렸다. 사정하는 어머니와 소리치는 아주머니, 그들의 대화는 꽤 오래 이어졌다.

한참 대화가 오고 간 후 어머니는 문을 닫고 집안으로 들어와 한숨을 쉬었다. 그리고는 내가 자고 있는지를 확인했다. 나는 필사적으로 자는 척을 했다. 가슴 한편에서 분노인지 슬픔인지 뭔지 모를 뜨거운 무언가가 올라오는 느낌이 들었다. 그깟 월세 25만 원을 못 내서 이렇게 살아야 하는 이유가 도대체 무엇인지 이해가 되지 않았다. 나는 눈을 감고 자는 척을 하며 다짐했다.

'돈을 미친 듯이 많이 벌겠어!'

그때 내 인생에서 가장 중요한 가치는 '돈'이었다. 어떻게든 돈을 많이 버는 사람이 돼야겠다고 생각했다. 나와 우리 가족을 무시하는 사람은 그 누가 됐든지 코를 납작하게 만들어 주겠노라 다짐했다. 돈만 있으면 무엇이든 할 수 있고, 행복하게 살 수 있다고 생각했다. 그렇게 첫 번째 터닝포인트는 내게 '돈이 인생에서 최고'라는 가치관을 갖도록 만들었다.

많은 돈을 벌기 위한 방법으로 선택한 것은 사업이었다. 그렇게 대학교를 경영학과로 진학했다. 나는 당시 나의 가치관대로 대학 생활 내내 돈을 버는 것에 큰 관심을 두었다. 벚꽃 축제 시즌에 담요를 떼다 팔고, 학교 축제 시즌에 야광봉을 가져다가 팔았다. 그 당시에는 언젠가 사업을 해서 큰돈을 벌겠다는 생각만 했다. 군 생활을 하는 동안에도 사업 아이템 구상의 삼매경에 푹 빠져 있었다. 마침내 26살, 졸업을 한 학기 앞두고 휴학과 동시에 나는 창업을 했다. 운이 좋게도 나의 열정을 높게 평가한 투자자들이 초기 자금을 투자해주면서 생각보다 쉽게 회사 설립을 할 수 있었다.

2016년 8월에 설립된 회사는 첫해에 800만 원의 매출을 냈다. 그리고 다음 해인 2017년, 14억 원의 연 매출을 올렸다. 요양 프랜차이즈 회사로 우리는 IT 기술을 가미한 치매 예방 훈련 서비스를 개발해서 빠르게 성장해나갔다. 2018년에는 연 매출이 20억 이상으로 늘었고, 전국에 50개 이상의 가맹점이 생겼다. 외형적인 사업 성장은 그야말로 성공적이었다.

하지만 외형적으로 사업이 성공하는 동안 나는 행복했을까? 그때 나는 주말, 공휴일, 명절 그 어떤 날도 쉬지 않고 일했다. 매일 자정이 가까워지도록 일을 했으며 항상 피곤에 찌들어 있었다. 그렇다고 내가 최고의 가치라고 생각했던 돈을 많이 벌었느냐, 그것도 아니었다. 회사를 성장시키는 단계에서 내 급여를 무리하게 높일 수 없었다. 나는 처음에는 무급으로 회사 업무에 전념했다. 어느 정도 매출이 발생하면서 월급 100만 원을 가져갔고, 회사를 나오기 직전에는 월급 250만 원을 가져왔다.

그마저도 대표자로서 월급 대부분을 다시 회사 일과 관련된 활동에 사용했다. 일이 곧 생활이고 생활이 곧 일이었기 때문에 내 생활비는 대부분 일과 관련된 비용으로 들어갔다. 나는 말 그대로 정말이지 '열심히' 살았다. 그런데 이상하게도 여전히 가난했다. 회사는 성장하고 있었지만 내 몸과 마음은 서서히 망가져만 갔다.

경영권과 관련된 의사결정 문제도 계속해서 나를 괴롭혔다. 시작부터 많은 투자를 받고 경영자가 된 나는 애초부터 경영권을 제대로 행사하기가 힘들었다. 회사의 지배 구조상 나의 지분이 너무 낮아 어떤 결정도 스스로 내릴 수 없었다. 다수의 주주 사이에서 나는 주체적인 삶을 살 수가 없었다. 회사가 성장하면서 외부 기관으로부터 10억 원의 투자금을 받고 나자 의사결정 문제는 더 커졌다. 내가 할 수 있는 일이라고는 내 몸을 갈아 넣어 더 열심히 일하는 것 외에는 딱히 없었다.

당시 유일한 희망은 회사가 잘 돼서 상장하거나 다른 기업에 매각될 때 내 지분을 팔고 큰돈을 벌 수 있을 것이란 믿음밖에 없었다. 이런 고단한 시간 끝에서 나는 두 번째 터닝포인트를 마주한다. 일은 가장 많이 하면서도 경제적으로 쪼들리며 동시에 자유가 없는 최악의 상황에서 결국 공황장애를 겪었다. 밤마다 심장이 뛰어 잠을 잘 수 없었고 숨을 쉬는 것이 어려웠다. 죽을 것 같은 고통을 느끼며 나는 내가 진짜 원하는 것이 무엇인지 자신에게 계속해서 질문했다. 결국, 내가 진심으로 원하던 것은 돈이 아니라 자유였다는 것을 깨달았다.

주주총회에서 대표이사를 내려놓고 회사를 떠나겠다고 이야기한 후 무작정 강릉으로 갔다. 강릉에 따로 연고가 있는 건 아니었지만 그냥 조용한 곳에서 머릿속을 정리해야만 할 것 같았다. 잔고 20만 원, 가장 저렴한 숙박을 찾다가 1박에 1만2천 원인 게스트하우스를 찾았다. 그곳에서 일주일을 보내며 매일 왕복 2시간씩 걸어 바다를 보러 갔다. 끼니는 게스트하우스에서 제공하는 조식 토스트와 편의점 컵라면으로 해결했다.

처음에는 억울한 감정이 들었고, 이내 막막함이 몰려왔다. 열심히 살았는데 가난은 여전히 나를 괴롭혔다. 세상이 원망스러웠다. 이런 고뇌하는 시간이 다시 한번 나의 가치관을 크게 흔들었다. 두 가지 가치관이 새로이 가슴속에 새겨졌다. '자유' 없이 돈만 버는 것은 그다지 행복한 일이 아니라는 것과 학교에서 그토록 배웠던 '근면 성실'과 '열심히'는 돈을 버는 것과 큰 관계가 없다는 것. 1년 반이 지난 지금도 나는 이 가치관을 여전히 유지하고 있다.

두 번째 터닝포인트를 겪은 이후 내가 생각하는 최고의 가치는 자유다. 내가 말하는 자유는 돈과 시간에서 모두 자유로운 상태를 뜻한다. 금전적으로 쪼들리지 않으면서 시간을 원하는 대로 스스로 통제할 수 있는 상태, 나는 그것이 진정으로 자유로운 상태라고 생각한다. 회사를 떠난 후 나는 약 1년 만에 내가 바라던 자유를 얻었다.

나는 이제 하루의 시작을 스스로 결정할 수 있다. 밤마다 잠들기 전에 스마트폰은 비행기 모드로 설정한다. 누가 됐든 쓸데없는 전화나 문자로 내 자유를 침해하는 것을 허락하고 싶지 않기 때문이다. 그럼에도 250만 원의 월급을 받던 시절보다 4배 이상을 벌고 있다. 이 정도면 가치관을 바꿔 새롭게 도전한 결과치고 꽤 괜찮지 않은가?

이 모든 것이 지식과 경험을 바탕으로 콘텐트를 만들어 인포디언스를 모은 결과다. 내가 이전에 사업을 했던 특수한 경험을 기반으로 지금의 수익구조를 만들어 낸 것이 아니다. 거창한 사업보다는 생각보다 단순한 주제의 콘텐트가 나를 지금의 자리까지 올 수 있게 만들어줬다. 여기까지 오는 동안 내가 깨달은 방법들을 이 책에서 모두 설명하고자 한다. 나처럼 시간적 자유와 경제적 여유를 함께 누리고 싶다면 이제 당신도 콘텐트를 찾아 새로운 비즈니스에 도전하길 바란다.

# 사람들이 돈을 쓰는 구조를 이해하면 돈이 보인다

우리가 궁극적으로 꿈꾸는 '자유롭게 돈을 버는 삶'을 살기 위해서는 돈을 버는 구조가 어떻게 이뤄져 있는지를 이해할 필요가 있다. 원리는 아주 간단하다. 사람들이 언제 돈을 쓰는지 살펴보면 돈을 버는 구조가 보인다. 그렇다면 사람들은 언제 돈을 쓰는가?

사람들은 문제를 해결하기 위해 돈을 쓴다. 여기서 문제란 삶에서 일어나는 복잡하고 다양한 모든 다반사를 담고 있다. 문제로부터 발생하는 고통과 불편함을 해소하기 위해 사람들은 돈을 쓴다. 해결책을 얻고자 재화를 사용하는 것이다.

좀 더 이해를 돕기 위해 구체적인 사례로 이야기를 해보겠다. 어떤 사람이 '집이 너무 덥다'라는 문제를 겪고 있다. 이 사람은 '에어

컨'이나 '선풍기'를 구매해서 문제를 해결할 수 있다. 여기서 에어컨과 선풍기라는 제품은 이 사람의 문제를 해결해주는 '해결책'이다. 문제의 해결책이 눈에 보이는 '유형의 제품'인 경우다.

유형의 제품이 해결책이 되는 또 다른 사례를 살펴보자. 남들에게 멋지게 보이고 싶은 욕구가 있지만, 그 욕구를 제대로 채우지 못해서 심리적으로 불편한 문제를 가진 어떤 사람이 있다. 이 사람은 '명품 의류'를 구매하는 방식으로 자신이 겪고 있는 문제를 해결하려 할 수 있다. 여기서 '명품 의류' 역시 앞서 말한 '에어컨'처럼 문제를 해결해주는 하나의 해결책이다.

그렇다면 유형의 제품만이 사람들의 문제를 해결할 수 있는가? 그건 아니다. '집이 더러운데 직접 청소하는 게 너무나 싫다'라는 문제를 가진 누군가가 있다. 이 사람은 '방문 청소 서비스'를 이용해서 이 문제를 해결할 수 있다. '방문 청소 서비스'는 유형의 제품이 아니다. 그렇지만 틀림없이 누군가의 문제를 해결해줄 수 있는 해결책이다.

이 세 가지 사례에서 볼 수 있듯이 모든 구매 활동은 문제해결과 관련이 있다. 비즈니스란 결국 고객에게 해결책을 제공하고 돈을 받는 것이다. 그렇다면 돈을 많이 벌고자 한다면 어떻게 하면 될까?

아주 심플하다. 같은 문제를 가진 사람들을 많이 모으고 그들에게 해결책을 제공해주면 된다. 그러면 그들은 문제를 해결하고자 돈을 지불할 것이 아닌가.

지금 이 말을 들은 당신은 이렇게 생각할지도 모른다. '그걸 누가 모르나? 무슨 돈이 있어서 해결책을 만들 것이며, 사람들은 어떻게 모을 것이냐?' 그런 사람들에게 먼저 '해결책'에 대해서 이야기하고 싶다. 문제를 해결하기 위한 해결책은 앞서 사례에서 보았듯이 유형의 제품에만 국한된 것이 아니다. 본인이 직접 몸으로 뛰어 서비스를 해주는 것으로 남의 문제를 해결해 줄 수도 있다. 이건 돈 대신 당신의 노동력을 들이면 만들어낼 수 있는 '해결책'이다.

그렇다면 '정보'라는 것은 어떨까? 내 지식과 경험을 바탕으로 만든 '정보'는 해결책이 될 수 없을까? 어떤 사람이 '자유롭게 하고 싶은 일을 하며 돈을 벌고 싶은데, 그 방법을 몰라 힘들다'라는 문제를 가지고 있다. 이 경우 '자유롭게 돈을 버는 방법을 알려주는 정보'는 이 사람에게 해결책이 된다. 그래서 당신도 비슷한 문제를 해결하기 위해 이 책을 읽고 있는 게 아닌가? 이 책이 제공하는 건 지식과 경험이 담긴 '정보'가 전부다.

당신은 이쯤에서 '나만이 알고 있는 은밀하고도 거창한 정보'를 생산해야만 돈을 벌 수 있는 게 아닌가 하는 생각을 할 수 있다. 나 역시 그랬다. 나는 사실 정보 생산을 통해 돈을 버는 사람들을 좋게 보지 않는 사람 중 하나였다. 그들이 비밀스러운 정보를 바탕으로 돈을 버는 게 아니라, 어디서 주워들은 내용을 짜깁기해서 가르치는 게 대부분이라는 편견이 있었다.

실제로 내가 처음 콘텐트를 만들기 시작했을 때 내가 만드는 정보를 기반으로 돈을 벌어볼 생각은 하지 않았다. 그저 콘텐트 생산은 광고수익을 벌어주는 동시에 내 인지도를 쌓아가기 위한 활동이었고, 나는 언젠가 거대한 사업을 다시 제대로 벌여서 경제적인 자유를 얻어내겠다는 생각뿐이었다.

내 생각이 변화하게 된 계기는 우연히 유튜버 '자수성가 청년(자청)'으로 활동하는 송명진 대표의 영상을 보게 된 이후였다. 그는 연간 순수익 10억 이상을 올리는 젊은 사업가로 모든 사업을 무자본으로 시작해서 성공시킨 인물이다. 그는 온라인으로 돈을 버는 방법에 대해 '초보가 왕초보를 가르치면 된다'라는 이야기를 했다. 이 한 문장으로 나의 생각 구조에 큰 변화가 일어났다.

실제로 그가 사업을 키우고 자동화를 완성해서 경제적 자유를 누리고 있는 모습은 내게 깊은 인상을 주었다. 그야말로 내가 원하던 '삶의 자유'를 달성한 모습이었다. 나는 그의 말에 따라 기존과 다른 관점을 가지고 비즈니스에 접근하기 시작했다. 거창한 사업을 해야만 부유해지고 자유로워질 수 있다는 생각을 내려놓고, 정보 생산을 바탕으로 하는 작은 사업에 관심을 갖기 시작했다.

온라인에서 정보는 전국 방방곡곡 누구에게나 쉽게 도달할 수 있다. 그렇다면 내가 전문가 수준은 아니더라도 조금이나마 잘 알고 있는 영역이 있다면 충분히 돈을 벌 수가 있다. 우선 전국에 있는 수많은 사람 중 특정 주제에 대한 정보량이 나보다 부족한 사람들을 찾고, 그들에게 내가 가진 정보를 전달할 수 있다면 그것이 곧 돈이 될 수 있다. 그 정보가 나 말고는 아무도 모르는 은밀하고 비밀스러운 정보가 아니어도 말이다.

나는 이런 생각을 떠올린 후 내가 살아오며 자연스럽게 쌓아온 지식과 정보들을 추리기 시작했다. 그렇게 추려낸 정보와 지식 중 잘 정리할 수 있는 정보는 상품의 형태로 만들어 판매했다. 내가 예전에 했던 것과 같은 고민을 겪고 있는 사람들은 해결책으로 내 정보를 구매했다. 이것은 무척이나 단순한 생각의 변화로 시작한 활동이었지만, 결국 지금 나에게 자유를 가져다준 행동이 됐다.

누구나 자신이 가진 지식과 경험을 활용해서 특정 영역에 대한 정보를 돈 들이지 않고 만들 수 있다. 돈이 들지 않기 때문에 심지어 무료로 제공해도 부담이 없다. 새로 오픈한 가게가 손님을 모으기 위해 자주 쓰는 전략이 무엇인가? 바로 무료로 무언가를 제공하는 것이다. 인터넷을 기반으로 하는 많은 서비스는 유료화로 돈을 벌기 전에 무료로 서비스를 제공하며 회원들을 모은다. 이처럼 무료로 해결책을 제공하면 그 해결책이 필요한 사람들을 더욱 손쉽게 모을 수 있다.

정리하자면 우리가 돈을 벌 수 있는 방법은 간단하게 세 단계로 설명할 수 있다.

> 1. 지식과 경험을 바탕으로 만든 '정보'라는 해결책을 무료로 제공한다.
> 2. 해당 '정보'를 필요로 하는, 동일한 문제를 가진 사람들이 모이기 시작한다.
> 3. 모인 사람들에게 더 수준 높은 '정보'를 (돈을 받고) 해결책으로 제공한다.

간단하지 않은가? 나는 이것보다 더 쉽게 돈을 버는 구조를 설명할 자신이 없다. 이 방법은 온라인이라는 세상에서 더욱 효과적이다. 전 세계 누구에게나 도달할 수 있는 온라인 환경에서는 돈을 거의 들이지 않고도 사람을 모아 돈을 벌 수 있는 비즈니스를 만들어 낼 수 있다.

이제 당신은 해결책을 제공하는 생산자가 돼야 한다. 사실 우리는 이미 정보 생산자로 살고 있지만, 그것을 잘 인지하지 못한다. 친구가 메신저로 무언가 질문을 했을 때, 당신이 아는 지식을 바탕으로 답변을 해준 적이 한 번은 있지 않은가? 직장 동료가 전화로 무언가를 물어봤을 때도 당신은 경험을 바탕으로 정보를 준 기억이 있을 것이다. 당신은 이미 훌륭한 정보 생산자다. 인간은 누구나 자신이 가진 지식과 경험으로 정보를 생산하고 알게 모르게 그것을 주변에 전파하고 있다.

이제 당신은 그 정보를 콘텐트에 담아 더 많은 사람에게 전달할 차례다. 정보를 담은 콘텐트를 꾸준하게 만들어 온라인을 통해 반드시 무료로 전파하라. 온라인에 콘텐트를 만들어 올리는 순간 당신은 사람을 모으기 위해 밖으로 나가 전단지를 돌리는 수고를 할 필요가 없어진다. 가치 있는 정보를 담아서 만든 콘텐트는 당신 대신 사람들을 불러오는 역할을 해줄 것이다.

그 후에는 당신이 가진 정보로 해결해줄 수 있는 문제를 가진 사람들이 충분히 모일 때까지 기다리고 또 기다려라. 사람들이 조금씩 모이기 시작한다 해도 절대 바로 돈을 벌겠다고 달려들면 안 된다. 튼튼한 비즈니스를 만들기 위해서는 기다림이 필요하다.

벌써 자신만의 콘텐트를 찾고 싶어 손이 근질거리지 않는가? 하지만 조금 기다리기 바란다. 우리는 지금부터 왜 자신만의 콘텐트를 만들어야 하고 어디에 콘텐트를 풀어내야 할지 차근차근 알아볼 것이다. 너무 성급하게 생각하지 말고 지금은 하나만 마음에 새기면 충분하다. 정보를 만들어 해결책을 제공하는 '생산자가 되겠다는 마인드'. 그것 하나면 이미 성공은 시작한 것이다.

# 온라인 시대를 살아가는 보헤미안은 부유하다

온라인에서 1인 기업가들이 잘 써놓은 글 한 편 또는 잘 만든 영상 하나로 당신의 급여를 뛰어넘는 수익을 올리고 있다면 믿겠는가? 아마 쉽게 믿지 못할 것이다. 아니, 믿고 싶지 않을 것이다. 나는 이렇게 열심히 일하고 있는데 겨우 글 한 편, 영상 하나로 큰돈을 번다고? 심지어는 몇 장의 이미지만으로도 큰 수익을 내는 이들도 존재한다. 여기서 잘 써놓은 글이란 책처럼 거창한 것을 의미하지 않는다. 잘 만든 영상 역시 영화처럼 거창한 작품을 이야기하는 게 아니며, 이미지 역시 유명 사진작가의 작품을 의미하는 것이 아니다. 그저 사람들이 원하는 정보를 담고 있는 간단한 콘텐트일 뿐이다.

오늘날 온라인의 1인 기업가들은 '보헤미안(Bohemian)'처럼 일한다. 보헤미안은 19세기 초 유럽에서 광범위하게 나타난 사람들로 사회의 관습에 구애받지 않는 생활양식을 갖고 있었다. 그들은 책을 많이 읽고 예술을 좋아하며 자신의 감정에 솔직했다. 무엇보다 보헤미안들의 가장 큰 특징은 자유를 추구하는 성향이다. 즉 전통과 관습에 얽매이지 않고 그들만의 생활방식을 따라 자유롭게 살아가는 사람들이 보헤미안이다. 보헤미안에 대한 다양한 해석이 있지만, 나는 보헤미안이 주체적으로 자유를 좇은 사람들이라 생각한다.

그렇다면 보헤미안들은 어떻게 등장하게 됐을까? 19세기 프랑스에서는 국민교육제도가 등장하고 국민 대부분이 고등교육을 받을 수 있게 되었다. 그 결과 지식을 갖춘 사람들의 비율이 이전보다 많아졌다. 문제는 이 지식인 계층이 급속도로 늘어나면서 사회의 일자리 수가 그들의 수를 따라가지 못했다는 점에 있다. 이는 결국 실업자가 늘어나는 결과로 이어졌다.

현재 대한민국의 상황을 보면 앞서 이야기한 현상이 그저 역사 속 다른 나라에서 발생했던 과거의 일이라고 느껴지지 않는다. 대한민국은 OECD 국가 중에서도 인구 대비 대졸자 비율이 최상위권인 나라다. 반면에 사람을 채용하는 기업에는 고졸 이상이라면 충분히 처리할 수 있는 업무를 다루는 일자리가 많다. 이런 자리는 당연히 연봉이 높을 수가 없다. 그러나 대학 이상의 고등교육을 받은 사람들은 스스로 기대하는 급여 수준이 있기에 더 높은 연봉의 일자리를 원한다. 이처럼 현재 노동시장에서는 기업이 제시하는 급여 수준과 노동자가 평균적으로 기대하는 연봉이 균형을 이루지 못하는 상황이 계속해서 이어지고 있다.

다시 19세기 프랑스의 이야기로 돌아오면, 지식인 계층이 늘어나면서 본인이 가진 지식을 바탕으로 스스로 일을 만들어서 생활하는 사람들이 등장하기 시작했다. 이들은 누군가로부터 일자리를 제공받기 위해 노력하는 것이 아니라, 주체적으로 일을 찾는 방식으로 움직였다. 그렇게 주류에서 벗어나 자신들이 추구하는 삶을 자유롭게 사는 보헤미안들이 나타난 것이다. 그러나 이때의 보헤미안들은 대부분 경제적으로 풍요롭지는 못했다. 정규직장에서 벗어나 글을 쓰고 예술 활동을 하거나 여행하면서 남들을 가르치는 일이 이들의 주된 활동이었고, 당시에는 그러한 활동으로 돈을 버는 것이 어려운 경우가 많았다.

반면 21세기를 살아가는 디지털 보헤미안들은 19세기의 보헤미안들과는 많이 다른 상황 속에 살고 있다. 주체적으로 원하는 일을 하면서 자유를 추구하는 라이프스타일은 유사하다. 그러나 21세기의 보헤미안들은 경제적인 여유까지 누리고 있다. 보헤미안으로 유명한 샤를 보들레르가 종이에 시를 썼다면, 21세기에 살고 있는 디지털 보헤미안은 인스타그램에 시를 쓴다. 그리고 그런 콘텐트 창작물들을 통해 빈곤함과는 거리가 먼 삶을 누린다. 과거의 보헤미안들도 똑같이 자신의 작품을 대중에게 선보여 재화를 벌어들였을 텐데 왜 지금과는 다른 경제적 상황 속에 살았을까?

오늘날의 보헤미안들이 경제적인 풍요로움을 누릴 수 있는 결정적인 이유는 온라인을 기반으로 정보를 생산하며 많은 사람을 모을 수 있기 때문이다. 앞서 언급했듯이 지식 콘텐트의 주재료는 지식과 경험이다. 고로 생산에 큰 자본이 들지 않는다. 이와 동시에 인터넷의 발전은 이렇게 만들어진 지식 콘텐트를 사람들에게 퍼뜨리는 것도 돈이 들지 않도록 만들어 주었다. 즉 돈이 없어도 사람들을 충분히 모을 수 있게 된 것이다.

이처럼 콘텐트와 기술의 발전은 일자리 환경에 큰 변화를 가져왔다. 과거에는 지극히 사소한 일로 치부됐던 행위로도 돈을 버는 사람들이 나타났다. 펜 돌리기로도 돈을 벌고, 3D 펜으로 무언가를 만드는 취미활동으로도 돈을 번다. 이제는 자신의 전문성, 취미, 스토리, 약점, 습관 등 모든 것들로 자신만의 평생직장을 만들 수 있다. 누구나 경제적으로 풍요로운 보헤미안이 될 수 있다는 것이다. 어디에서? 바로 온라인 세상에서 말이다.

이렇게 우리는 콘텐트의 생산, 복제, 배포, 확산이 모두 무자본으로 이뤄질 수 있는 시대에 살고 있다. 자본이 들지 않는다고 수익을 창출하지 않는다는 말이 아니다. 무자본으로 만들어지고 퍼져나간 콘텐트가 돈을 벌어다 준다. 단언컨대 우리가 살고 있는 지금은 돈 없이 돈을 벌 수 있는 시대다. 그리고 그 중심에는 정보와 콘텐트가 존재한다. 참으로 축복받은 세대가 아닌가? 이제는 당신이 정보를 생산하고 부유한 보헤미안이 될 차례다.

# 무모한 보헤미안이
# 되지 마라

'좋아. 나도 지금부터 당장 자유로운 디지털 보헤미안으로 살겠어!'라는 마음으로 지금 다니고 있는 직장을 관두겠다는 생각을 한다면 잠시만 그 생각을 접어두기 바란다. 아직은 그런 선택을 할 시점이 아니다. 누군가 나에게 '퇴사를 조장하는 위험한 사람'이라고 한 적이 있다. 그러나 이는 나의 말을 제대로 듣지 않고 하는 이야기다. 나는 막무가내로 퇴사를 권하지 않는다. 직장을 벗어나는 것은 당신의 선택이지만 그러한 선택을 하기 전에 당신이 반드시 거쳐야 할 과정이 있다.

이 책을 읽고 자신만의 수익구조를 구축해나가고자 하는 직장인이 있다면, 나는 회사를 떠나지 말라는 이야기를 먼저 해주고 싶다. 직장에 다니고 있다는 것은 당신이 리스크 없이 여러 가지 도전을 할 수 있는 가장 좋은 환경에 있음을 의미한다. 생산자의 마인드를 갖게 됐다면 우선 직장 안에서 생산자가 되기 위해 노력해야 한다. 회사 안에서 가치를 창출할 수 있는 요소를 찾고 주체적으로 프로젝트를 진행해보는 것이다.

회사 안에서 프로젝트를 진행했을 때 얻을 수 있는 몇 가지의 장점이 있다. 우선 금전적인 리스크가 없다. 당신의 프로젝트가 안 좋은 결과로 끝난다고 해도 당신이 개인적으로 파산할 일은 없다는 뜻이다. 그러나 그 과정에서 값을 매길 수 없는 지식과 경험이 쌓일 것이다. 지식과 경험은 콘텐트의 주재료 아닌가. 그렇게 계속해서 회사 자금을 통해 본인의 자산을 쌓아야 한다. 지식과 경험이 쌓여 충분한 가치를 만들어낼 수 있을 때 비로소 좋은 정보 생산자가 될 수 있다. 그 단계까지는 먼저 회사에서 주체적으로 최대한 본인이 접근할 수 있는 다양한 방면의 지식과 경험을 쌓아라.

내게 상담을 요청하는 많은 사람이 '퇴사하고 싶습니다.'라는 이야기를 많이 한다. 그들 중 대부분은 회사를 그만두고자 하는 이유로 그저 일하기 싫다거나 회사에 출근하는 것이 시간 낭비처럼 느껴진다는 말을 한다. 그러나 정말 그런 이유만으로 퇴사한다면 삶이 불행해질 수 있으니 주의하기 바란다. 회사에서 퇴사해야 하는 시점은 더 이상 회사에서 배울 것이 없다고 느껴질 때다. 많은 것을 배워 이제는 당신이 배울 것이 없다고 판단될 때 퇴사를 고민하도록 하자. 혹은 조직 자체가 구성원의 성장을 가로막는 환경이라면 그런 회사에서는 나오는 것이 맞다.

그런 상황이 아니라면 본인이 속한 회사의 발전을 위해 진심으로 고민하고 새로운 프로젝트를 기획해보라. '적당히 중간만 하자.'라는 마인드나 '열심히 일 해봐야 회사에만 좋은 일이다.'라는 생각으로 일한다면 당신이 원하는 자유를 얻기는 어려울 것이다. 회사의 프로젝트를 당신 스스로를 위해 일하는 것으로 생각해라. 주체적으로 새로운 과제를 제안하고 프로젝트를 끝까지 추진해보는 경험을 쌓아라. 직장이라는 곳을 리스크 없이 사업을 경험할 수 있는 장소라고 관점을 바꿔 바라보는 것이 좋다.

당신이 회사 안에서 주체적으로 프로젝트를 제안하고 이를 완성하는 과정까지 경험을 쌓았다면 다음 단계는 사이드 허슬러가 되는 것이다. 사이드 허슬러는 직장 업무 외에 자신만의 사이드 프로젝트를 진행하는 사람을 뜻한다. 회사를 위한 프로젝트를 하느라 고생했으니 이제 진짜 자신을 위한 프로젝트를 진행하는 것이다.

퇴근 후 2시간만 집중해서 사이드 허슬에 투자하는 것을 추천한다. 주말에는 더 많은 시간을 투자해도 좋다. 회사에서 충분히 주체성을 높이는 훈련을 했다면 이 과정이 그렇게 어렵지는 않을 것이다. 지금부터 본격적으로 본인의 수익이 발생하기 시작할 텐데 힘들 것이 뭐가 있겠는가.

이때 내가 추천하는 사이드 허슬은 당연히 정보 생산 활동이다. 회사생활을 하며 쌓인 지식과 경험들을 글, 영상, 이미지 등의 콘텐트로 생산해내는 것이다. 만약 지식이나 경험이 부족하다고 느껴진다면 독서와 강의 수강 등 자신의 지식과 경험을 넓힐 수 있는 활동에 우선적으로 시간을 투자하는 것이 좋다. 이렇게 지식과 경험을 쌓으며 궁극적으로는 가치 있는 지식 콘텐트 생산을 목표로 나아가야 한다.

사이드 허슬을 통해 충분한 사람들을 모으고 수익구조를 구축해야만 당신은 비로소 안정적으로 자유를 위한 선택을 할 수 있다. 만약 당신이 회사를 떠나서도 수익구조를 지속적으로 유지하고 성장시킬 수 있다는 확신이 들면 그때야 퇴사를 고민하길 바란다.


그러나 회사에 소속되어 고정적인 수입을 얻으며 월급 외 수익구조를 함께 늘려가는 길도 있다. 책『미치지 않고서야』의 저자인 '미노와 고스케'는 일본을 대표하는 천재 편집자로 불리는 인물이다. 손대는 책마다 베스트셀러로 만드는 그는 책뿐만 아니라 다양한 콘텐트를 기획하고 제작하는 활동을 한다. 그의 책에 따르면 그는 월급에 20배가 넘는 월급 외 소득을 올린다고 한다. 이 금액은 한화로 7천만 원에 육박하는데도 그는 회사를 그만두지 않았다.

그는 본업의 성과를 바탕으로 자신의 사이드 허슬 활동을 하고 있다. 편집자로서 성공한 지식과 경험을 바탕으로 '미노와 편집실'이라는 온라인 살롱을 운영한다. 이 커뮤니티에서 미노와는 사람들에게 자신의 지식과 경험이 담긴 콘텐츠를 생산해 제공한다. 사람들은 멤버십 비용을 내고 그의 콘텐츠를 소비한다. 월 6만 원에 가까운 멤버십 비용을 지불하는 회원이 1,000명이 넘는다. 회원들이 미노와가 생산하는 콘텐츠가 충분히 가치 있다고 판단하기 때문일 것이다.

이처럼 회사를 떠날 것인가 말 것인가는 본인의 선택에 달렸다. 콘텐츠의 주제를 본업과 관련된 영역으로 정한다면, 미노와처럼 회사에 계속 몸담는 것이 자신의 콘텐츠를 더 가치 있게 만들어 줄 수 있다. 선택의 문제는 전적으로 당신에게 달려 있다. 회사를 벗어나서 보다 자유로운 삶을 추구한다면 그에 맞는 선택을 하면 되고, 회사에 다니며 얻는 이점을 취하고자 한다면 그에 따른 선택을 하면 된다. 여기서 중요한 점은 이러한 선택을 하기 위해서는 일단 충분한 사이드 허슬 수익을 만드는 게 우선이라는 것이다.

이처럼 본인의 삶을 스스로 결정할 수 있는 상태까지 가는 길이 생각보다 쉽지만은 않다. 그러나 뒤에서 설명하는 방법들을 차근차근 따라가다 보면 어느새 목표에 도달한 자신을 발견할 수 있을 것이다. 당신이 그 시점에 도달하면 분명 자신의 삶을 마음대로 결정할 수 있다는 사실에 짜릿함을 느낄 것이다. 언제든 내가 원한다면 부담 없이 내 미래를 결정할 수 있다는 자신감. 사이드 허슬로 얻는 수익은 당신에게 그러한 자신감을 선물한다. 그러니 당신이 직장인이라면 충분한 사이드 허슬 수익을 만들기 전까지 절대로 퇴사하지 마라. 충분한 능력을 기른 후에 삶을 주체적으로 선택하는 것이 현명한 방법이다.

# 인포디언스를 모으는 3가지 비밀공식

　　일어나고 싶을 때 일어나고, 일하고 싶을 때 일할 수 있는 삶을 살고 싶은가? 내가 선택하는 장소가 곧 일터가 되는 자유로운 삶을 살고 싶은가? 그렇다면 당신은 온라인 세상에서 당신의 콘텐트를 필요로 하는 관객들을 모아야 한다. 콘텐트를 통해 자신만의 비즈니스를 만드는 과정은 한 편의 멋진 공연을 기획하는 일과 비슷하다. 시나리오만 가지고는 공연을 만들 수 없듯이 당신의 정보를 원하는 청중인 인포디언스를 모으기 위해서는 단순히 콘텐트만 만든다고 끝이 아니다. 온라인에서 당신의 정보를 구매하는 사람들을 모으기 위해서는 아래의 비밀공식을 기억해야 한다.

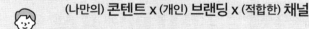

**(나만의) 콘텐트 x (개인) 브랜딩 x (적합한) 채널**

인포디언스를 모으는 활동이란 결국 온라인상에서 내가 제공하는 정보를 신뢰하고 그 가치를 인정해주는 사람들을 모으는 활동을 의미한다. 이렇게 사람들을 모으기 위해서는 본인만의 핵심적인 콘텐트 주제가 있어야 한다. 이것이 비밀공식의 첫 번째 요소인 '나만의 콘텐트'다.

사람을 모으는 과정에서 중요한 것은 '공통된 관심사'를 가진 사람들을 모아야 한다는 점이다. 관심사가 제각각인 사람들을 모으면 비즈니스로 성장시키기 어렵다. 앞서 말했다시피 돈을 버는 행위는 고객에게 해결책을 제공하는 것인데, 관심사가 다르면 문제도 모두 다르기 때문이다. 결국에 비즈니스로 성장할 수 있도록 효과적으로 인포디언스를 모으기 위해서는 일관된 주제의 콘텐트를 만들어야 한다.

콘텐트의 주제가 중구난방이 되면 어떤 일이 벌어지게 될까? 우선 공통된 관심사를 가진 사람들이 모이지 않는다. 찔끔찔끔 들어오는 사람들은 관심사가 모두 제각각이다. 당신은 이렇게 서로 다른 문제를 가진 모든 사람의 고민을 해결해줄 수는 없을 것이다. 이 경우 콘텐츠 소비자의 문제를 해결해주고 수익을 창출하는 기본 구조에 문제가 생긴다. 동일한 문제를 겪는 사람들을 모아야 결과적으로 그들을 위한 해결책을 효과적으로 제시하고 돈을 벌 수 있다는 사실을 명심하길 바란다.

그러나 이렇게 일정한 주제의 콘텐츠를 만들더라도 사람을 모으는 일은 여전히 쉽지 않다. 콘텐츠의 주제뿐만 아니라 성격이 중구난방인 경우에도 사람들은 제대로 모이지 않는다. 그래서 필요한게 '브랜딩'이다. 브랜딩은 내 콘텐츠에 성격을 부여하는 작업이라고 생각하면 편하다. 어떤 두 사람이 같은 주제, 같은 정보로 콘텐츠를 만들더라도 전달하는 사람의 성향에 따라 서로 전혀 다른 콘텐츠가 되곤 한다.

예를 들면, 이별로 인해 아픔을 겪는 사람에게 조언하는 경우, 누군가는 센 언니 같은 느낌으로, 누군가는 다정한 엄마 같은 느낌으로, 또 누군가는 함께 슬퍼하는 친구 같은 느낌으로 콘텐츠를 만들 수 있다. 이것은 당신이 만들어가고자 하는 브랜드 성격이 어떤 느낌이냐에 따라 무척이나 달라진다. 만약 당신이 말은 세게 하지만 그 안에 진심으로 상대를 걱정하는 마음을 갖는 사람이라면, 그런 성격이 콘텐츠에 묻어나도록 해야 한다. 당신의 콘텐츠가 주는 정보와 성격이 결합할 때 '개인 브랜드'가 된다. 개인 브랜드가 있어야지만 사람들은 당신의 팬이 된다. 중요한 점은 당신이 만드는 지식 콘텐트에 부여하는 브랜드 성격이 콘텐트 주제처럼 일관되게 묻어나야 한다는 것이다.

이렇게 비밀공식에서 제시한 두 가지 요소를 살펴보았다. 그런데 아직도 여전히 허전한 느낌이 들지 않는가? 아마 이런 궁금증이 생길 것이다. '그래서 내 콘텐트를 어디에 올리고, 사람들은 어디에 모아야 하지?' 질문의 대한 답은 바로 비밀공식의 마지막 요소인 '채널'이다. 블로그, 유튜브, 인스타그램, 틱톡, 카페, 오픈 채팅방, 기타 커뮤니티 등이 모두 여기서 말하는 채널을 의미한다.

비유하자면 채널은 내 공연을 진행할 공연장이라고 보면 된다. 좋은 공연을 만들기 위해서는 공연을 펼칠 장소도 잘 골라야 한다. 내가 전달하고자 하는 정보의 특성과 나의 선호도 그리고 콘텐트와 관련된 경쟁자들의 상황을 고려해서 나에게 적합한 채널을 찾아야 한다. 언뜻 보면 복잡해 보일 수 있지만, 실제로 거창한 공연을 만드는 것보다 인포디언스를 모으는 일은 훨씬 쉬우면서도 돈도 들지 않으니 부담가질 필요 없다.

사람들은 정보가 주는 가치에 반응한다. 내가 골프에 빠져 있는

데, 필드에 나갈 때마다 항상 성적이 안 좋아 스트레스를 받고 있다고 가정해보자. 이때 나에게 골프 실력 향상을 위한 정보를 제공하는 사람이 있다면? 당신은 아마 그 사람의 콘텐츠를 소비할 것이다.

만약 그 사람이 제공한 정보를 통해 골프 실력이 실제로 향상된다면 당신은 그 사람 자체를 신뢰하고 좋아하게 된다. 그 뒤에 전개될 일은 굳이 설명할 필요가 없다. 당신은 그가 제공하는 유료 강의를 구매할 수도 있고, 그가 쓴 책을 구매할 수도 있다. 또 그가 추천하는 골프용품을 구매할지도 모른다. 여기서 골프 실력 향상을 위한 정보를 제공한 그 사람은 당신을 인포디언스로 둔 1인 사업가라고 할 수 있다.

이제 생산자의 마인드를 갖게 된 당신은 더 이상 콘텐츠 소비자로만 머물러 있을 필요가 없다. 본인의 콘텐츠를 만들고 스스로 제공자가 돼라. 그렇다고 처음부터 수만 명, 수십만 명의 사람을 모아야 한다는 부담감을 가질 필요는 없다. 본인이 제공하는 정보를 통해 공통된 관심사로 뭉친 제대로 된 인포디언스 1,000명만 모아라. 그렇게만 된다면 당신은 세계 어디에서도 원할 때마다 수익을 낼 수 있다. 이것은 단순히 내가 주장하는 이야기가 아니라, '팀 페리스'의 저서 『타이탄의 도구들』에도 등장하는 개념이다.

우리가 이 책에서 살펴볼 인포디언스를 모으는 과정을 간단하게 살펴보면 다음과 같다.

1. 우리가 만들어갈 콘텐트의 주제를 찾는다.
2. 콘텐트를 올릴 적절한 채널을 선정한다.
3. 선정된 채널에 콘텐트를 하나씩 생산해나간다.
4. 콘텐트가 늘어나면서 사람들이 모이기 시작한다.
5. 유입되는 사람들을 바탕으로 수익화를 진행한다.
6. 시간적인 자유를 늘리기 위해 자동화를 꾀한다.

이렇게 살펴보니 인포디언스를 모아 당신만의 사업을 만드는 과정이 생각보다 쉬워 보이지 않는가? 실제로 과정 자체는 무척 간단하다. 우선 일관된 성격의 콘텐트를 지속적으로 만들어 사람들을 모은다. 그다음에 할 일은 적절한 수익화를 시도하고 자동화를 꾀하는 것뿐이다. 물론 각 과정을 세세하게 살펴보면 막막하고 어려워 보일 수 있다. 그러나 분명 누구나 할 수 있는 일이다.

다시 강조하지만 겁먹을 필요 없다. 콘텐트를 통해 온라인에서 1인 비즈니스를 구축하는 일은 누구나 실행력만 갖춘다면 이뤄낼 수 있는 일이다. 그럼 이제 본격적으로 자신만의 인포디언스들을 가진 자유로운 1인 기업가가 되기 위한 과정을 한 스텝 한 스텝 배워보도록 하자.

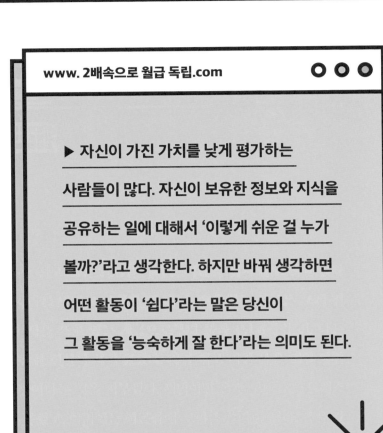

▶ 자신이 가진 가치를 낮게 평가하는 사람들이 많다. 자신이 보유한 정보와 지식을 공유하는 일에 대해서 '이렇게 쉬운 걸 누가 볼까?'라고 생각한다. 하지만 바꿔 생각하면 어떤 활동이 '쉽다'라는 말은 당신이 그 활동을 '능숙하게 잘 한다'라는 의미도 된다.

# 당신 안에 잠든
# 콘텐트를 깨워라

# 나만의 콘텐트 주제를 찾는 네 가지 방법

    내용을 시작하기 전 한 가지 당부의 말을 전하고 싶다. 이번 파트를 그냥 가볍게 읽고 넘겨버리지 마라. 이 내용을 읽고 반드시 자신의 콘텐트 주제를 찾고야 말겠다는 각오로 접근했으면 좋겠다. 그냥 훑어보고는 '그렇군! 말 되네!' 하고 책을 덮는 것은 당신에게 전혀 도움이 되지 않는다.

    이렇게 당부의 이야기를 하는 이유는 지금까지 자신만의 콘텐트를 찾기 위해 나에게 컨설팅을 요청한 사람들의 사례 때문이다. 유튜브 채널에서도 콘텐트 주제를 찾는 네 가지 방법을 소개한 적이 있다. 하지만 내가 제시한 방법을 꼼꼼히 살펴보고 제대로 자신의 삶에 적용하는 사람은 많지 않은 듯하다. 본인의 콘텐트를 찾지 못하고 헤매는 사람들이 여전히 많다. 그들 중 일부는 내게 비싼 돈을 내고 컨설팅을 받는 고객이 된다. 그럴 때마다 항상 나는 몇 분의 대화만으로도 쉽게 콘텐트 주제 후보를 제시해왔다. 그러면 하나같이 이런 반응을 보인다.

'아, 맞네요! 왜 이걸로 할 생각을 못 했지?'

당신 안에는 당신만의 콘텐트가 반드시 존재한다. 내가 특별한 방법을 쓴다고 생각한다면 큰 오산이다. 하지만 특별하지 않은 것이지 중요하지 않다는 말은 아니다. 나 역시 컨설팅을 진행할 때 지금부터 설명할 네 가지의 방법 안에서 고객들의 콘텐트를 찾아준다. 이번 파트를 집중해서 읽고, 이해가 안 된다면 여러 번 읽어라. 그리고 정확한 자기 객관화를 위해 충분히 고민해야 한다. 이 말을 거듭 당부하며 내용을 시작한다.

당신의 인포디언스를 끌어오기 위해 처음으로 해야 할 일은 나만의 콘텐트를 찾는 일이다. 아마 Part 1을 읽는 동안 다음과 같은 고민이 들었을 것이다.

'나는 특별한 지식이나 경험이 없는데…'

내가 만나본 사람 중 대부분이 이렇게 생각하고 콘텐트 찾기를 포기했다. 이런 사람 중에는 자신이 가진 가치를 낮게 평가하는 사람들이 제법 있다. 자신이 보유한 정보와 지식을 공유하는 일에 대해서 '이렇게 쉬운 걸 누가 볼까?'라고 생각한다. 하지만 바꿔 생각하면 어떤 활동이 '쉽다'라는 말은 당신이 그 활동을 '능숙하게 잘한다'라는 의미도 된다. 예를 들어 스마트폰을 가지고 애플리케이션 스토어에서 회원가입하고 다운로드를 받는 일을 쉽다고 생각하는가? 당신에게는 쉬울 수 있다. 하지만 중장년층이나 어르신 중에는 분명 이것을 어려워하는 사람들이 있다. 실제로 이렇게 스마트폰 사용법을 어르신들에게 알려주는 직업까지 있다. 당신이 쉽다고 생각하는 지식과 정보를 가지고 누군가는 돈을 벌고 있는 것이다. 누구에게나 잠들어 있는 콘텐트가 있다. 다만 본인 스스로 인지하지 못하고 있을 뿐이다. 이렇게 거창하지 않은 지식과 정보를 바탕으로 나는 주변에 있는 친구들을 포함해 컨설팅과 상담을 의뢰해온 고객들에게 그들만의 콘텐트를 찾아주었고, 이미 많은 사람이 수익을 창출하고 있다. 그럼 지금부터 당신의 콘텐트를 찾는 네 가지 방법을 알아보자.

### ▶첫째, 충분한 경험을 가진 영역 찾기

사람들이 가장 흔하게 떠올리는 방식은 전문성이 있는 영역을 찾아보는 것이다. 그러나 여기서 유의해야 할 점은 전문성이라는 단어에 너무 얽매일 필요가 없다는 것이다. 어떤 영역에서 상위 0.1%에 드는 전문가가 아니라면 콘텐트를 만들 자격조차 없는 것처럼 생각하는 사람들이 있다.

온라인 세상은 결코 그런 곳이 아니다. 전국을 무대로 활동할 수 있기 때문에 내가 적당한 경험과 전문성을 가졌다면 당신의 정보가 필요한 사람들은 생각보다 많다. 전문성을 바탕으로 콘텐트를 만들 때는 무작위로 100명의 사람을 뽑았을 때, 당신이 그 분야에서 20등 안에 드는 정도라면 충분하다.

나는 컨설팅을 진행할 때 항상 전문성이라는 단어보다 경험이라는 단어를 쓴다. 그 이유는 사람들이 전문성이라는 단어에 큰 부담을 느끼기 때문이다. 충분히 콘텐트를 만들 역량이 있음에도 전문성이라는 단어에 막혀 콘텐트 제작을 두려워하는 사람들이 많다. 이것은 일종의 '가면증후군'이다. 가면증후군이란 자신의 업적이나 성공이 자신의 실력에 의해 일군 게 아니라고 생각하며 불안해하는 심리를 말한다. 가면증후군은 남들이 볼 때 성공했다고 보이는 사람들에게 오히려 많이 나타난다. 심한 경우 자신을 사기꾼이라고 생각하며 스스로를 괴롭히는 현상까지 보인다.

5년이나 가죽공예를 하고도 자신보다 훨씬 더 뛰어난 장인들이 많으므로 자신은 콘텐트를 만들 자격이 없다고 생각하는 고객이 있었다. 하지만 그 고객이 손수 가죽을 골라 만들었다는 작품은 수준급이었다. 그런데도 콘텐트를 만들 자격이 없다니, 이상하지 않은가? 많은 사람이 콘텐트 만들기에 도전하기 전에 이처럼 가벼운 가면증후군을 겪는다.

전국에서 100명의 사람을 무작위로 뽑았을 때 5년 동안 가죽공예를 한 사람은 가죽공예 실력으로 상위 몇 등 안에 들 수 있을까? 아마 10등 안에는 가볍게 들어가리라 생각한다. 이는 그의 가르침에 도움을 얻을 수 있는 사람들이 그렇지 않은 사람보다 훨씬 많이 존재한다는 이야기다. 나보다 잘하는 10% 때문에 90%의 수요를 버리겠다면 너무 아쉬운 일이라고 생각한다.

경험을 기반으로 콘텐트 주제를 찾아볼 때는 이처럼 자신감을 갖는 것이 가장 중요하다. 본인이 가진 경험의 가치를 너무 낮게 평가하지 마라. 모든 경험은 귀중하고 가치 있다. 그리고 그 경험을 남에게 전파하는 일은 세상에 이로운 가치를 창출하는 활동임을 명심하길 바란다. 이 사실을 마음에 새기고 여러분이 가진 경험들을 아래 도표에 가볍게 메모해보기 바란다.

**MEMO** — — — ○ ◉ ◉

Q. 당신이 성인이 된 이후 현재까지 꾸준하게 한 활동은 무엇인가? (세 가지)

Q. 당신이 대학 시절 열심히 했던 활동은 무엇인가? (세 가지)

Q. 당신이 1년 이상 꾸준하게 배워본 것은 무엇이 있는가?

Q. 주변 친구들이 당신에게 자주 질문하는 영역이 무엇인가?

Q. 당신의 과거 커리어 중 현재까지 종종 사용하는 지식영역은 무엇인가?

Q. 당신이 주변 사람들을 도와준 가장 최근의 기억은 무엇인지 떠올려보라.
당신은 어떤 영역에 대해 도움을 주었는가?

## ▶둘째, 자신의 약점 드러내기

인터넷이 발달하기 한참 전인 원시시대로 가보자. 원시시대에서 자신의 약점을 드러내는 것은 금기시되는 행동이었다. 약점을 드러내면 무리에서 외면당하고 배우자 후보에서 제외될 가능성이 컸으니까 그 당시는 약점을 드러내는 행동이 생존과 번식을 어렵게 만드는 일이었다. 이 때문에 인간은 약점을 숨기려고 하는 기질을 갖게 되었다. 그러나 아무리 감추려 해도 바뀌지 않는 사실이 있다. 인간은 누구나 약점을 가지고 있다는 사실.

온라인 시대가 되면서 약점은 더 이상 생존과 번식에 위협이 되는 '하자'가 아니다. 오늘날 당신이 가진 약점은 사람들을 모이게 만드는 하나의 '공감 포인트'다. 좋지 않은 피부가 콤플렉스인 사람은 자신의 피부에 관한 고민을 털어놓으며 같은 콤플렉스를 가진 사람들을 모은다. 피부 콤플렉스를 극복해가는 과정은 같은 고민을 하는 사람들에게 가치 있는 정보가 된다. 그렇게 용기 내서 약점을 드러낸 사람은 점점 팬을 늘려나간다. 같은 약점을 가진 사람들의 '롤 모델'이 되는 것이다. 브랜든 버처드(Brendon Burchard)는 자신의 책 『백만장자 메신저』에서 세상에 메시지를 전파하는 직업인 '메신저'의 유형 중 한 가지로 '롤 모델형 메신저'를 꼽았다. 나는 약점을 드러내는 방식이 '롤 모델형 메신저'가 될 수 있는 가장 빠른 길이라고 생각한다.

이 방식은 내가 가장 좋아하는 방식이다. 내가 불과 1년 만에 처참했던 현실을 탈출할 수 있었던 것도 이 방식으로 이뤄졌다. 그 당시 나는 빈털터리였고, 돈이 없다는 것은 내게 큰 약점이었다. 그래서 우연히 유튜브에 이런 영상을 찍어 올렸다. '창업했던 회사에서 나왔고 빈털터리입니다. 다시 시작하려고 합니다.' 그리고 돈을 버는 방법을 찾아 하나씩 직접 도전하며 콘텐트를 남겼다. 약점을 드러내고, 그것을 극복해가는 과정을 콘텐트로 만든 것이다.

돈이 없다는 약점에 공감하지 못하는 사람들이 얼마나 있을까? 이 시대를 살아가는 사람 중 대다수가 공감할 수 있는 약점이 아닐까 생각한다. 그러나 온라인에서 대놓고 '나 돈 없어요. 빈털터리에요.'라고 이야기할 용기 있는 사람은 당시 많지 않았다. 돈이 없어도 있는 척, 아픔이 있어도 없는 척하는 것이 인간의 자연스러운 기질이기 때문이다.

하지만 요즘에는 내가 그랬던 것처럼 '돈이 한 푼도 없다'라고 당당하게 이야기하며 이를 극복해가는 과정을 콘텐트로 만드는 사람들이 꽤 많이 보인다. 유튜브에서도, 블로그에서도 흔하게 볼 수 있다. 이런 현상을 보면 사람들은 더 이상 자신의 약점을 드러내는 것에 거부감을 갖지 않는다. 누구나 자신의 약점을 당당하게 드러낼 수 있는 시대가 다가오고 있음이 느껴진다.

물론 지금 자신이 가진 약점을 당장 극복하는 것이 어려울 수 있다. 그렇다면 과거에 약점을 극복했던 경험도 좋은 콘텐트가 된다. 가령 학창시절 낮은 성적이 약점이었으나 공부법을 터득해 명문대에 합격한 경험이 있다면, 이는 과거에 약점을 극복한 좋은 사례다. 이미 약점을 극복하여 새로운 삶을 살고 있는 당신의 모습은 같은 약점을 가진 사람들에게 큰 울림을 줄 것이다.

이 시대에 유명한 강사 또는 상담사들은 자신들이 몸담은 영역에서 본인 스스로 과거의 약점을 극복한 사람들이 많다. 약점을 극복하기 위해 남들보다 몇 배로 노력하고 지식과 경험을 쌓으면서 그 영역에서 전문가가 된 것이다. 당신이 고객이라고 가정해보자. 한쪽에는 당신과 같은 고민을 과거에 극복한 전문가가 있고 다른 한쪽에는 이론만 쌓은 전문가가 있다. 당신은 누구에게 상담을 요청하고 싶겠는가?

당신이 약점을 극복해나가는 과정을 보여준다면 많은 사람에게 공감과 긍정적인 감정을 유발할 수 있다. 약점을 극복해나가는 콘텐트는 본인 스스로가 발전하는 기회면서 동시에 평생을 먹고 살 수 있는 자유로운 온라인 직장을 마련하는 기회다. 이 점을 유의하고 여러분이 가진 약점은 무엇이 있는지 다음 표에 가볍게 메모해보기 바란다.

**MEMO** — — —

Q. 당신의 삶에서 약점을 극복한 경험은 무엇이 있는가?

Q. 당신이 아직 극복하지 못한 약점은 무엇이 있는가?

Q. 주변 사람들에게 숨겨왔던 과거 스토리는 무엇이 있는가?

Q. 당신의 인생에서 단 한 가지를 고칠 수 있다면 무엇을 고치고 싶은가?

### ▶ 셋째, 자신의 주말을 되돌아보기

좋아하는 일을 하며 돈을 버는 삶은 상상만 해도 행복한 삶이다. 누구나 좋아하는 일을 하며 돈을 버는 게 행복한 삶이라고 말한다. 하지만 문제는 자신이 무엇을 좋아하는지 모르는 사람들이 의외로 많다는 것이다. 아마 자기소개서를 작성할 때마다 취미와 특기를 쓰는 칸에 무엇을 적어야 할지 애를 먹는 사람이 적지 않을 것이다. 바로 내가 그랬다.

이때 자신이 좋아하는 것을 알아내는 방법이 바로 주말마다 무엇을 했는지 되돌아보는 것이다. 이 방식을 통해 본인이 좋아하는 영역뿐만 아니라 미처 생각하지 못했지만 의외로 자신이 경험을 풍부하게 가지고 있는 분야도 찾을 수 있다. 그리고 남들에게 정보를 줄 수 있는 영역까지도 생각보다 쉽게 찾을 수 있다.

예를 들면 주말마다 요리 영상을 보며 음식을 직접 하는 경우가 많았다면 요리는 취미로서 당신의 콘텐트 주제가 될 수 있다. 이때 요리 실력이 '르 꼬르동 블루' 같은 유명 요리학교 출신처럼 훌륭해야만 콘텐트를 만들 수 있는 것은 아니다. 그런 사람들은 아래에 적힌 콘텐트 주제 예시를 보면 생각이 달라질 것이다.

- ✔ '요리 초보가 현실적으로 따라 하는 고든 램지 레시피'
- ✔ '요리는 못 하지만 음식은 좋아하는 엄마가 만드는 우리 아이 밥상'
- ✔ '남는 재료로만 요리를 만드는 짠한 레시피'
- ✔ '10분 안에 만들 수 있는 요리만 알려주는 10분 시리즈. 주의! 맛은 보장 못 함!'
- ✔ '우리 엄마 요리법대로 요리해보기 시리즈'
- ✔ '집에서 도전해보는 해외 유명음식 따라 만들기'

　이와 같은 콘텐트는 거창한 요리 실력이 필요한 주제가 아니다. 오히려 요리를 못할수록 인기를 끌 수 있는 콘텐트도 있다. 그러나 이 모든 주제가 충분히 사람들에게 나름에 가치와 정보를 줄 수 있다는 점이 중요하다.

　다른 예를 살펴보자. 만약 당신이 주말을 모두 육아하는 데 소모하고 있다면 당신의 육아 정보를 전달하는 것으로도 콘텐트를 만들 수 있다. 직접 육아를 하기 전까지는 몰랐던 사실들 그리고 육아를 하면서 새로 배운 일들을 메모하고 저장해라. 그것을 콘텐트로 만들면 곧 아이가 생기는 사람들 또는 막 부모가 된 사람들에게 무척이나 가치 있는 정보가 될 수 있다.

주말이면 누워서 빈둥빈둥 넷플릭스만 본다면 넷플릭스 작품을 소개하고 추천하는 큐레이팅 콘텐츠를 만들 수도 있다. 본인만의 작품 평가 척도를 만들어 나름의 평점을 내리고 작품들을 추천 또는 비추천할 수 있다. 사람들은 수많은 선택지 속에서 늘 고민을 겪고 있다. 그러다 잘못된 결정으로 시간을 허비하면 고민은 고통이 된다. 당신이 주말에 빈둥거리며 했던 활동이 다른 사람의 고통을 줄여줄 수 있는 가치 있는 일이 될 수 있음에 자신감을 가져라.

당신이 하는 활동은 모두 가치를 창출할 수 있다. 주말마다 온종일 유튜브만 봐왔다면 이제 유튜버를 소개하고 추천하는 콘텐츠를 만들 구상을 해보자. 유명한 연예인들의 잘 알려지지 않은 정보를 조사해서 소개하는 잡지나 프로그램들이 많은 인기를 얻지 않았던가. 말이 안 된다고 생각하는가? 실제로 그렇게 한 사람이 있다.

에반 카마이클(Evan Carmichael)은 구독자 290만 명을 보유한 유튜버이자 사업가이다. 그뿐만 아니라 『한 단어의 힘』이라는 제목으로 저서를 내기도 했다. 그는 성공한 사람들의 유튜브 영상을 모아 성공습관, 동기부여 영상들을 만들었다. 성공한 사업가이자 베스트셀러 작가인 게리 베이너척(Gary Vaynerchuk)은 에반에 대해 이렇게 말했다고 한다.

'에반은 많은 콘텐트를 소비한 결과 그것들을 어떻게 DJ처럼 가공해서 사람들에게 영감을 줄 수 있는지를 깨닫게 된 인물이다'

실제로 에반은 유튜브 시청자에서 콘텐트 생산자로 포지션을 바꾼 결과로 온라인 사업가가 될 수 있었다. 사업가가 되기 전 그의 주말은 유튜브에서 성공한 사람들의 영상을 보는 일로 채워져 있었을 것이다.

당신은 주말에 주로 무엇을 해왔는가? 가볍게 쉬는 날로 생각했던 주말이 이제는 새로운 기회가 될 수 있다. 아래에 가볍게 메모해보며 아이디어를 떠올려보기 바란다.

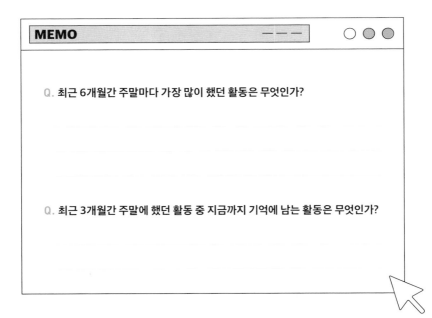

**MEMO**

Q. 최근 6개월간 주말마다 가장 많이 했던 활동은 무엇인가?

Q. 최근 3개월간 주말에 했던 활동 중 지금까지 기억에 남는 활동은 무엇인가?

**MEMO** ─ ─ ─ ─ ○ ◐ ◑

Q. 앞으로 살면서 주말마다 하고 싶은 일은 무엇인가?

Q. 한 달의 휴가가 주어진다면 당신은 어떤 활동을 가장 많이 할 것 같은가?

Q. 퇴근 후와 주말에 공통으로 하는 활동이 있는가?

## ▶넷째, 최근 본인의 삶에서 일어난 변화가 무엇인지 생각해보기

이 방식도 내가 무척 좋아하는 콘텐트 주제 탐색방법이다. 나는 거창하게 주제를 찾는 것을 별로 좋아하지 않는다. 거창한 주제를 찾으면 그 주제에 집착하게 되고 얽매이게 된다. 이것도 많은 상담을 진행하면서 느낀 부분이다. '제가 10년간 이쪽 일만 해와서 무조건 이 주제로 하려고 하는데요' 이 멘트는 인포디언스를 모으는 데 실패하는 사람들 대부분이 가진 문제를 잘 보여준다.

콘텐트 주제를 탐색할 때 생각보다 가볍게 접근해볼 필요가 있다. 주제 탐색은 인생을 걸어야 할 만큼 중대한 사항이 아니다. 주제가 생각보다 효과적이지 않다면 다른 주제로 재도전하면 그만이다. 돈도 거의 안 들고 시간만 투자하면 되기 때문에 본인이 포기하지 않고 꾸준히만 도전하면 누구나 이뤄낼 수 있다. 내가 쌓아온 커리어에서 벗어난 주제를 택한다고 인생에 큰 위기가 오는 것이 아니라는 뜻이다.

예를 들어 최근 홀로 독립해서 자취를 시작했다면 자취방을 직접 꾸미는 과정을 콘텐트 주제로 다뤄보면 어떨까? 저렴한 가격으로 자취방 가구를 구하는 과정부터 직접 조립하고 만드는 과정을 알려주는 등 내가 새롭게 겪는 상황을 콘텐트로 만들어보는 것이다. 이런 콘텐트를 다루는데 '그럼 인테리어 업계에서 3년 정도 구르고 시작하면 되겠군!' 하고 생각하는 사람은 없을 것이다. 부디 없기를 바란다.

이처럼 삶에 일어난 작은 변화까지 하나하나 모두 찾아본다면 당신의 콘텐트 주제는 넘쳐흐른다. 예를 들어 아이패드를 구매했다면 아이패드가 유튜브와 넷플릭스 시청용 기계로 전락해버리지 않도록 아이패드를 120% 활용할 수 있는 방법을 공부하며 콘텐트를 만들어나가면 어떨까? 그토록 사고 싶던 기기에 대해 하나씩 배우는 재미와 함께 돈을 벌 수 있는 구조도 만들어나갈 수 있다. 어쩌면 아이패드 판매량이 늘어날수록 당신의 관객도 쑥쑥 늘어나는 재미난 현상이 일어날 수도 있다.

당신의 삶에 최근 일어난 변화는 무엇이 있을까? 사소한 것까지 모두 생각해보자. 충분한 시간을 갖고 메모해보면 좋겠다. 생각보다 좋은 아이디어들이 샘 솟아날 것이다.

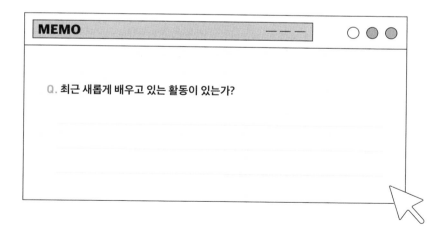

Q. 최근에 당신이 새롭게 알게 된 지식은 무엇인가?

Q. 최근 한 달간 당신이 포털 사이트에서 가장 자주 찾아본 검색어는 무엇인가?

Q. 최근 새롭게 들어간 온/오프라인 모임이 있다면 어떤 주제의 모임인가?

Q. 올해에 읽은 책 중에서 당신의 삶에 가장 큰 영향을 준 책은 무엇이며,
그 책은 어떤 주제의 책인가? 또 그 책을 읽고 무엇이 바뀌었나?

## 어떻게 콘텐트 주제를 정했을까?

나 역시 처음에는 전문성 위주로만 주제를 찾으려 했다. 이 과정에서 나는 내 나름대로 '전문성 목록'이라는 것을 작성해봤다. 전문성 목록이란 특별한 게 아니다. 아래처럼 내가 전문성이 있다고 생각하는 것을 그냥 메모장에 쭉 나열하는 것이다. 10분 정도의 시간을 들여 성인이 된 이후의 삶을 연도별로 되돌아보면서 가지고 있는 경험 중 특별한 영역을 적어보는 방식이다.

✓ 스타트업 창업
✓ 재가 요양 사업
✓ 사회복지 사업
✓ 프랜차이즈 사업
✓ 청년 창업

- ✓ 기업 IR 자료 만들기
- ✓ 투자 유치를 위한 발표
- ✓ 정부지원금 관련 사업계획서 작성
- ✓ 사업 발표 스피치
- ✓ 프레젠테이션 능력
  …

이처럼 전문성 목록을 작성해보면 대부분 자신이 몸담아 온 커리어와 관련된 항목들을 나열하는 경우가 많다. 나는 이렇게 적은 주제 중에서 그나마 대중들의 관심도가 높은 영역이 '스타트업 창업'일 것으로 생각했다. 당시에는 나름 어린 나이에 스타트업 CEO 이력을 보유하고 투자 유치 경험까지 있으니 이 주제를 벗어나면 안 될 것이란 생각을 하고 있었다.

그렇게 콘텐트를 만든 것까지는 좋았다. 얼마 가지 않아 문제가 일어났다. 나는 당장 생활이 불가할 정도로 빈털터리였다. 나가서 생활비를 벌지 않으면 안 되는 상황이었다. 그래서 나는 회사를 박차고 나온 이야기를 하며 빈털터리임을 솔직하게 이야기했다.

처음에는 사실 이 부분에 대해 우려가 컸다. 지금 돌이켜보면 나는 처음 콘텐트 생산을 시작할 때만 해도 약점을 드러내는 것에 큰 두려움을 느꼈었다. 창업을 알려주는 콘텐트를 만들고자 하는 내 계획과 빈털터리라는 약점은 괴리가 너무 컸기 때문이다. 사업을 알려준다는 사람이 빈털터리라면 누가 그 사람에게 사업을 배우려고 하겠는가. 그래서 빈털터리임을 드러내는 순간 사업을 논하는 콘텐트는 생명을 잃을 수도 있다는 걱정을 했다. 더군다나 명색이 CEO였다보니 내가 가진 커리어를 드러내면서 콘텐트를 만들겠다는 불필요한 자존심과 고집도 있었다.

하지만 이내 빈털터리가 된 것도 시행착오의 한 과정이라고 생각했다. 한편으로는 이런 이야기를 숨기는 것이야말로 창업을 알려주는 사람으로서 제대로 된 현실을 알려주지 않는 것이라는 생각이 들었다. 그 뒤로 두려움을 안은 채 나는 창업에 대한 콘텐트와 더불어 돈을 벌 수 있는 다양한 일에 직접 도전하는 콘텐트를 만들기 시작했다. 그런데 이상하게도 이렇게 내가 직접 도전하는 콘텐트가 인기를 끌기 시작했다. 사람들은 힘든 스타트업 창업보다 누구나 작게 시작할 수 있는 돈 버는 방법에 관심이 많았다. 어쩌다 보니 나의 콘텐트 역시 '스타트업 창업'보다는 '누구나 할 수 있는 부업'으로 방향이 점차 옮겨지고 있었다.

그렇게 나는 누구나 시작할 수 있는 부업을 무자본 창업의 관점으로 이야기할 수 있는 콘텐트를 만들게 되었다. 궁극적으로는 사업으로까지 확장할 수 있게끔 콘텐트를 제작했다. 단순히 부업을 체험하고 끝나는 것이 아니라, 다양한 시야를 제공할 수 있는 콘텐트를 만들고자 노력했다. 이때부터 더 이상 약점에 얽매이지 않고 새로운 이야기를 풀어갈 수 있었다. 처음에 느꼈던 두려움도 떨쳐냈다. 약점을 공유하며 같은 고민을 가진 사람들에게 정보를 나누는 것이 인포디언스를 모으는 아주 효과적인 방법이라는 사실을 알게 되었기 때문이다.

나의 사례에서 봤듯이 서두를 필요도 없고 너무 겁먹을 필요도 없다. 또 당신의 콘텐트 주제를 지금 당장 결정할 필요도 없다. 충분한 시간을 두고 고민하면서 떠오르는 게 있을 때마다 그때그때 반드시 메모하길 바란다. 이 책에서 제시한 질문에 대해 성실하게 답을 적어보았다면 겹치는 주제들이 존재할지도 모른다. 그런 주제는 당신의 콘텐트 주제가 될 가능성이 크다.

이제 당신이 해야 할 일은 최대한 많은 콘텐트 주제 후보를 찾아내는 것이다. 선택지가 적은 상태에서 결정을 내릴 경우, 자칫 잘못된 선택을 할 확률이 높다. 충분히 많은 선택지를 확보한 후, 이후에 설명할 콘텐트 주제를 검토하는 방법을 통해 당신만의 확실한 콘텐트를 찾길 바란다.

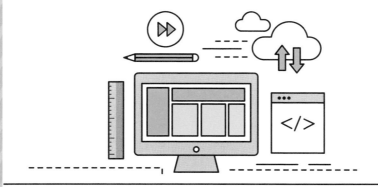

# 나에게 적합한
# 콘텐트 선정하기

콘텐트 주제 후보를 메모하는 과정에서 누군가는 생각보다 너무 많은 주제가 떠올라 곤란할 수도 있다. 그러나 주제 후보는 많을수록 좋다. 충분히 다양한 주제 후보를 추렸다면 이번 장을 통해 어떤 주제로 시작하는 것이 본인에게 적합할지 검토하는 방법을 알아보자.

### ▶소재가 충분한가?

당신이 특정 주제에 관한 콘텐트 생산자가 된다는 건 앞으로 최소 1년간 그 주제와 관련된 콘텐트를 지속적으로 만들어야 함을 의미한다. 만약 주마다 1개의 콘텐트를 만든다고 가정하면 당신은 1년간 52개의 콘텐트를 생산하게 된다. 이는 결코 적은 수가 아니다.

콘텐트 생산은 엄연한 창작 활동이기 때문에 소재에 대한 고민이 항상 뒤따른다. 주제와 관련된 콘텐트 소재들이 당장 떠오르지 않는다면 당신은 콘텐트 제작 초반에 큰 고생을 겪을 가능성이 크다. 지금 찾아놓은 주제의 후보들을 놓고 각각 어떤 세부적인 콘텐트 소재가 있을지 떠올려보라. 이때 중요한 건 심사숙고 하는 것이 아니라 가볍게 1분 이내로 소재들을 떠올려보는 것이다.

예를 들어 나의 콘텐트 주제 후보에 '독서'가 있다면 독서라는 주제 안에서 만들 수 있는 세부적인 소재들을 가볍게 떠올려본다.

- 책 내용을 최대한 흡수하는 독서 노하우 공개?
- 빠르게 책을 읽는 속독법 안내?
- 내가 읽었던 좋은 책 추천?
- 내가 좋아하는 작가 소개?
- 책을 통해 크게 성장한 경험담?

이런 식으로 브레인스토밍을 할 때 당신이 10개 이상의 소재를 별다른 어려움 없이 떠올릴 수 있다면 그 주제는 당신에게 적합도가 높은 주제다. 반면에 마땅한 생각이 떠오르지 않고 머리만 복잡해지는 주제들이 있다. 그런 주제는 당신에게 적합한 콘텐트 영역이 아니다.

소재가 잘 떠오르지 않는 데는 두 가지 원인이 있다. 하나는 그 주제 자체가 콘텐트를 만들기에 난해한 영역인 경우다. 이런 경우에는 빠르게 다른 후보로 넘어가면 된다. 그러나 다른 하나는 내가 그 영역에 충분한 지식 또는 경험이 부족해서인 경우가 있다. 이때는 내 지식과 경험을 늘린 후 그 주제에 도전하는 방법을 고려할 수 있다. 그러나 당신이 충분히 많은 주제 후보들을 찾아냈다면 굳이 이런 주제에 매달려서 시간을 쓰지 않아도 된다. 앞장에서 최대한 많은 후보를 찾으라고 이야기 한 이유가 여기에 있다.

이제 몇 가지 주제 후보들을 첫 번째 검토 과정을 통해 걸러냈다면 다음으로 더 중요한 검토사항을 체크한다. 바로 수익화와 관련된 부분이다.

### ▶ 수익화 아이디어가 떠오르는가?

이 책의 목적은 당신이 궁극적으로 지식 콘텐트를 활용해서 1인 기업가가 될 수 있도록 돕는 것이다. 당신이 그냥 취미활동을 위해 이 책을 보고 있는 게 아닐 것이므로 우리는 수익화의 가능성을 무시해선 안 된다.

　물론 이 책을 통해 지식 콘텐트를 수익화하는 다양한 방법들을 뒤에서 천천히 알려줄 것이다. 그러나 자신이 직접 경험하는 것만큼 훌륭한 선생은 없다. 우선 당신이 현재 가지고 있는 지식을 바탕으로 각 주제 후보와 관련 있는 수익화 아이디어를 떠올려보라. 예를 들어 위에서 이야기한 '독서'가 주제라면, 내가 떠올린 콘텐트 소재와 엮어 향후 수익화가 가능한 방향을 가볍게 구상해보는 것이다. 이때도 심사숙고하는 것이 아니라 가볍게 떠올려보는 형태로 접근해야 한다.

**예시) 주제 : 독서**

| 콘텐트 소재 | 수익화 아이디어 |
|---|---|
| 책 내용을 최대한 흡수하는 독서 노하우 공개 | 독서법 유료 스터디 모임 운영 |
| 빠르게 책을 읽는 속독법 안내 | 효율적인 독서를 위한 속독법 온라인 강의 진행 |
| 내가 읽었던 좋은 책 추천 | 책 추천 콘텐트를 통한 광고활동 또는 제휴마케팅 |
| 내가 좋아하는 작가 소개 | 작가 소개를 통한 제휴마케팅 활동 |
| 책을 통해 크게 성장한 경험담 | 개인 브랜딩을 바탕으로 하는 강연 활동 |

앞의 예시처럼 콘텐트 소재들을 활용해서 수익화로 연결한다면 어떤 활동이 가능할지 가볍게 떠올려보자. 위 내용은 실제로 내가 1분의 시간도 들이지 않고 떠올린 생각을 가볍게 적은 것이다. 조금 허황돼 보인다고 생각할 수 있지만, 일단은 가볍게 구상하는 것이 핵심이다. 우리는 지금 당장 수익화를 진행하려는 게 아니고 콘텐트 주제를 검토하는 과정에 있다. 그러므로 가벼운 마음으로 진행하기 바란다.

이렇게 수익화 아이디어들을 떠올릴 때 주제 후보에 따라 수익화의 방향이 보이지 않는 영역이 있을 것이다. 그런 주제는 당신이 정말로 사랑해서 하는 영역이 아닌 이상 당신을 금방 지치게 만든다. 수익화 청사진이 보이지 않는 상태에서 콘텐트만 만들어내는 일은 결코 쉬운 게 아니다. 당신의 창작 활동에 충분한 동기가 일어날 수 있도록 수익화 아이디어가 다양하게 샘솟는 주제를 선택하는 것이 좋다.

## 어떻게 콘텐트 주제를 검토했을까?

　사실 나는 처음 시작할 때 아무것도 모른 채 무턱대고 시작했기 때문에 이처럼 제대로 된 검토를 하지 못했다. 그냥 단순하게 '스타트업 창업'이라는 주제가 그나마 사람들이 관심을 보일 만한 좋은 주제라고 생각했다. 어찌 보면 나는 제대로 된 방법론을 알지 못했기에 빙빙 돌고 돌아 이 자리까지 올 수 있었다. 다시 말해서 당신이 방법만 제대로 알고 실천한다면 1년 6개월보다 짧은 기간에도 충분한 성과를 만들 수 있다는 말이다.

　물론 전혀 고민하지 않은 것은 아니다. 처음 내가 생각했던 주제 중에는 '정부지원금 효과적으로 받기' 같은 주제도 있었다. 이런 주제를 택하지 않은 것은 주제와 관련된 소재 자체가 다양하지 못했기 때문이었다. 단편적으로 떠올렸을 때 '사업계획서 작성 방법', '추정 손익계산서는 어떻게 만들까?' 등의 콘텐트가 나왔으나 그 이상 다양한 소재들이 없다고 판단했다. 그리고 그러한 소재에 흥미를 갖는 집단도 무척 좁다고 판단하여 배제했다.

하지만 수익화에 대한 검토는 사실상 거의 하지 못했다. 처음 유튜브를 시작할 당시만 해도 큰 그림의 수익화 아이디어들을 구체적으로 생각하지 않았다. 정말 단순하게 나의 인지도를 올리고 광고수익을 적절하게 받으면서 향후 유튜브와 상관없이 더 큰 사업을 하려는 마음뿐이었다.

다만 '스타트업 창업'을 주제로 할 때 몇 가지의 기대감은 있었던 것이 사실이다. 대학 시절 창업교육 현장에 가보면 실제로 창업 경험이 없는 교육자도 많았다. 내가 온라인상에서 창업에 대한 정보를 제공하며 인지도를 올릴 수 있다면, 강연 등을 통해 부수입을 적절하게 올릴 수 있으리라 생각했다. 물론 당시 나는 어차피 더 큰 사업을 할 것이란 생각이 있었기 때문에 이 역시 단순한 부업 정도로 가능성이 있다고만 생각했을 뿐이다.

이렇게 제대로 된 검토를 하지 못했기에 지금 같은 자유를 얻기까지 수많은 시행착오를 겪으며 빙빙 돌아왔다. 내가 이 책을 쓴 이유는 간단하다. 당신이 자유를 찾아 도전하는 데 나처럼 빙빙 돌아가지 않기를 바란다. 물론 시행착오를 겪으며 달려온 나도 1년 6개월 만에 경제적인 여유와 시간적 자유를 얻을 수 있었다. 그러니 걱정하지 말고 도전해라. 자유를 얻을 수 있는 가장 쉬운 방법은 당장 몸을 움직이고 시작하는 것이다.

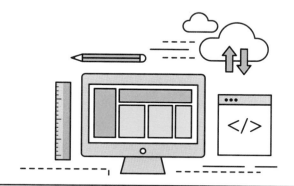

# 수익을 만드는
# 네 가지 고민

앞서 살펴본 콘텐트 주제 후보를 검토하는 과정에서 수익화 아이디어가 잘 떠오르지 않는 사람들이 있을 수 있다. 이런 사람들을 위해 수익화 아이디어를 떠올릴 때 사용할 수 있는 쉬운 접근법을 한 가지 소개하고자 한다.

앞서 돈을 벌기 위해서는 사람들의 문제를 해결하는 해결책을 제공해야 한다고 했다. '사람들이 가진 문제를 해결할 방법을 제공하면 돈이 된다!' 이 말은 확실히 맞는 말이다. 그런데 하나 궁금증이 생긴다.

'도대체 사람들이 겪는 문제는 무엇일까?'

인간의 고민은 크게 네 가지 테마로 구분할 수 있다고 한다. 바로 돈, 사람, 꿈, 건강이다. 일본의 베스트셀러 작가 이시이 히로유키(Hiroyuki Ishii)는 자신의 저서 『콜드리딩』에서 네 가지 고민 카테고리에 대한 중요성을 이야기한다. 서양의 포춘텔러부터 동양의 점술가까지 뛰어난 설득력을 보유한 화술의 고수들은 이 네 가지 테마로 사람들의 마음을 조종해왔다. 바꿔말하면 그들은 인간의 고민이 네 가지 카테고리를 벗어나지 못한다는 점을 이용한 것이다.

인간의 영원한 고민 테마 네 가지는 수익화를 위한 아이디어를 구상하는 데도 활용할 수 있다. 물론 돈, 사람, 꿈, 건강과 관련된 고민은 셀 수 없이 많지만 몇 가지 예를 들면 다음과 같은 고민을 꼽아볼 수 있다.

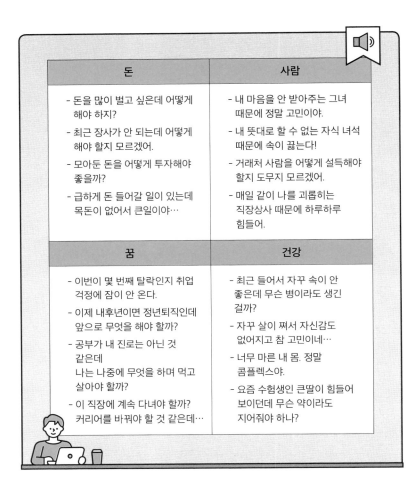

| 돈 | 사람 |
|---|---|
| - 돈을 많이 벌고 싶은데 어떻게 해야 하지?<br>- 최근 장사가 안 되는데 어떻게 해야 할지 모르겠어.<br>- 모아둔 돈을 어떻게 투자해야 좋을까?<br>- 급하게 돈 들어갈 일이 있는데 목돈이 없어서 큰일이야… | - 내 마음을 안 받아주는 그녀 때문에 정말 고민이야.<br>- 내 뜻대로 할 수 없는 자식 녀석 때문에 속이 끓는다!<br>- 거래처 사람을 어떻게 설득해야 할지 도무지 모르겠어.<br>- 매일 같이 나를 괴롭히는 직장상사 때문에 하루하루 힘들어. |
| 꿈 | 건강 |
| - 이번이 몇 번째 탈락인지 취업 걱정에 잠이 안 온다.<br>- 이제 내후년이면 정년퇴직인데 앞으로 무엇을 해야 할까?<br>- 공부가 내 진로는 아닌 것 같은데 나는 나중에 무엇을 하며 먹고 살아야 할까?<br>- 이 직장에 계속 다녀야 할까? 커리어를 바꿔야 할 것 같은데… | - 최근 들어서 자꾸 속이 안 좋은데 무슨 병이라도 생긴 걸까?<br>- 자꾸 살이 쪄서 자신감도 없어지고 참 고민이네…<br>- 너무 마른 내 몸. 정말 콤플렉스야.<br>- 요즘 수험생인 큰딸이 힘들어 보이던데 무슨 약이라도 지어줘야 하나? |

앞서 구상한 콘텐츠 주제와 관련하여 이러한 고민들을 해결해 줄 수 있는 어떤 서비스를 할 수 있을지 떠올려보라. 이번에도 '독서'라는 주제를 예로 들어 살펴보자.

## 돈에 대한 고민을 바탕으로 서비스 구상

최근 장사가 안 되는데 어떻게 해야 할지 모르겠어.

▶

- 모객과 매출증대를 위한 자영업자 대상 독서 모임 (유료 모임 운영)
- 소규모 비즈니스를 하는 사업자들을 위한 책 추천 콘텐트 (제휴마케팅/광고수익 창출)
- 명저로 배우는 오프라인 장사 마케팅 (강의)

## 사람에 대한 고민을 바탕으로 서비스 구상

매일 같이 나를 괴롭히는 직장상사 때문에 하루하루 힘들어.

▶

- 대인관계 기술을 위한 독서 클래스(강의)
- 효과적인 처세를 위한 PDF 전자책 제작 (전자책 판매)
- 사회생활에 지친 사람들을 위한 힐링 도서 추천 콘텐트 제작 (제휴마케팅/광고수익 창출)

## 꿈에 대한 고민을 바탕으로 서비스 구상

이제 내후년이면 정년퇴직인데 앞으로 무엇을 해야 할까?

▶

- 미래를 준비하는 자기계발 독서 모임 (유료 모임 운영)
- 책으로 찾은 나의 노후계획 PDF 전자책 제작 (전자책 판매)
- 예비 은퇴자들을 위한 미래 설계 독서 클래스 (강의)

## 건강에 대한 고민을 바탕으로 서비스 구상

자꾸 살이 쪄서 자신감도 없어지고 참 고민이네…

▶

- 다이어트 책을 보고 함께 따라 하는 1개월 습관 교정 모임 (유료 모임 운영)
- 다이어트/건강 도서 리뷰 콘텐트 (제휴마케팅/광고수익 창출)
- 자존감 회복을 원하는 사람들을 위한 독서 클래스(강의)

이처럼 당신이 구상하는 콘텐트 주제와 인간의 주된 고민 영역 네 가지를 엮으면 다양한 서비스를 떠올릴 수 있다. 방금 설명한 방법을 활용해서 수익화 아이디어들을 자유롭게 생각해보자. 수익화에 관한 청사진이 그려지면 콘텐트 소재를 찾는 일도 한층 수월해진다. 목표하는 수익화 방식에 다가갈 수 있도록 관련 정보를 콘텐트로 계속해서 만들어내면 되기 때문이다.

물론 서비스가 실제로 판매될 수 있느냐 하는 문제는 얼마나 충성도 높은 인포디언스를 모았느냐에 달려 있다. 우리가 제공하는 정보에 큰 가치를 느끼는 사람들이 많이 모일수록 나만의 콘텐트 사업은 튼실해진다. 여기서 우리가 알 수 있는 시사점은 우리가 제공하는 정보가 실제로 값진 정보여야 한다는 것이다. 충성도 높은 팬을 모으기 위해서는 그들에게 필요한 양질의 정보를 전달해야 한다. 이 말을 다시 하는 이유는 당신이 수익화에 대해 고민하면서도 반드시 잊지 말았으면 하는 마음 때문이다. 구색만 맞춘 콘텐트는 결국 당신의 팬을 떠나게 하고, 당신의 비즈니스를 실패라는 구덩이로 빠뜨릴 것이다.

# 지식 융복합으로
# 나만의 무기 만들기

그렇다면 어떻게 가치 있는 지식과 정보를 지속적으로 생산할 수 있을까? 나는 다음 세 가지의 재료가 모여 가치 있는 지식 콘텐트를 만든다고 생각한다.

'사전 지식, 새로운 지식, 실질 경험'

## ▶사전 지식

사전 지식이란 이미 당신의 머릿속에 있는 기존 지식이다. 특정 콘텐트 주제를 선정했다면 그 주제에 관해 당신이 이미 가지고 있는 지식이 있을 것이다. 앞에서 우리가 콘텐트 주제 후보를 검토할 때 세부적인 콘텐트 소재를 간단하게 떠올려보는 활동을 했다. 아마 본인의 사전 지식이 풍부한 주제일수록 콘텐트 소재를 떠올리는 것이 수월했을 것이다. 해당 영역에서 할 수 있는 이야기가 많을수록 콘텐트 소재를 떠올리기가 쉬워지기 때문이다. 이처럼 당신이 스스로 적합한 주제를 잘 골랐다면 사전 지식만으로도 꽤 많은 콘텐트를 만들어 낼 수 있다.

하지만 사전 지식만으로는 결국 콘텐츠 제작의 한계가 온다. 언젠가 스스로 만들 수 있는 콘텐트의 소재는 고갈될 것이다. 그리고 당신이 제공하는 콘텐트가 회차를 거듭할수록 소비자들이 원하는 정보 수준은 점차 높아질 것이다.

그러므로 사전 지식만으로 활동하는 사람들은 금방 한계가 드러난다. 콘텐트를 기반으로 하는 온라인 비즈니스 세계에서는 아무리 풍부한 지식을 갖고 시작했다고 할지라도 자신이 발전하지 않으면 도태될 수밖에 없다. 특히 주제에 따라 최신 정보를 제공하는 게 중요한 경우 끊임없는 정보 수집은 필수다. 콘텐트 생산자는 소비자의 기대를 충족하기 위해서 '새로운 지식'을 쌓아야 한다. 계속해서 지식의 양을 늘리고 정보로 가공해 소비자에게 제공해야 한다.

## ▶ 새로운 지식

새로운 지식은 당신이 책, 신문, 강의, 영상, 오디오, 기타 학습 등을 통해 새롭게 알게 되는 지식을 의미한다. 이렇게 새로운 지식이 우리 안에 들어오면 우리는 그것을 앞서 말한 사전 지식을 바탕으로 이해하고 재해석한다. 이런 재해석 과정에서 자신만의 지식이 만들어진다.

지식 콘텐츠 생산자라면 이러한 지식 습득 활동을 하루도 거르면 안 된다고 생각한다. 다시 말하지만 인포디언스를 모으는 데 필요한 재료는 돈이 아니라 지식과 경험이다. 앞서 콘텐츠 비즈니스를 인포디언스를 모아서 하는 공연에 빗댄 바 있다. 좋은 공연을 위해서는 좋은 소재를 충분하게 모아야 한다. 끊임없이 공부하고 연구해 본인만의 재료를 늘려나가야 한다. 새로운 지식 습득을 게을리하면 우리의 공연은 절대 성공할 수 없다.

그렇다면 이렇게 공부하고 연구하여 습득한 지식만으로 충분할까? 단순히 사전 지식과 새로운 지식을 조합하는 것만으로는 가치 있는 지식 콘텐츠를 만드는 데 한계가 있다. 좋은 정보 생산물을 만들기 위해서는 한 가지 요소가 더 필요하다. 바로 실질 경험이다.

### ▶ 실질 경험

방금 살펴본 새로운 지식이 독서나 강의 수강 등 간접 활동을 통해 얻은 지식이라면 실질 경험은 말 그대로 직접 체험하여 습득한 '경험'을 뜻한다. 실질적으로 사용할 수 없는 지식은 죽은 지식이나 마찬가지다. 우리가 새로운 지식을 습득하면 그것을 실제 삶에 적용해 실질적인 경험으로 만드는 과정이 필요하다.

실질 경험이 중요한 이유는 한 가지가 더 있다. 바로 쌓은 지식의 신용도를 높여준다는 점이다. 단순하게 생각해서 경험이 적은 사람의 말보다 실제 경험한 사람의 말이 신용도가 높다. 때로는 독서나 강의만으로 얻을 수 없는 현장의 정보가 있기 때문이다.

이렇게 직접 지식을 실제 사례에 적용하다 보면 스스로 개선점을 찾고 더 나은 발전 방향을 모색하게 된다. 이제야 비로소 가치 있는 새로운 정보가 탄생하는 순간이다. 사전 지식과 새로운 지식 그리고 실질 경험이 융합되면서 당신만의 지식이 만들어진 것이다. 이렇게 만들어진 지식은 사람들에게 전달했을 때 가치 있는 고급정보가 된다.

정리해보자. 가치 있는 정보는 기존의 지식과 새로운 지식 그리고 경험이 만날 때 탄생한다. 그러므로 지식 콘텐트 생산자는 시간 낭비라 생각하지 말고 새로운 것에 계속해서 도전해야 한다. 가치 있는 정보를 만드는 일이 불을 피우는 일이라면, 지식이 연료이고 경험은 산소다. 불은 산소가 없으면 타오를 수 없다. 마찬가지로 정보도 실질 경험이 없이 재탄생할 수 없다.

이런 자기계발은 시기와 성공에 상관없이 계속돼야 한다. 기업들이 제품 연구개발에 투자하듯이 지식 콘텐트를 바탕으로 하는 1인 기업가는 지식과 경험 개발에 투자해야 한다. 수익이 발생하기 시작하면 그 달콤함에 취해 본인의 발전에 투자하지 않는 경우가 있다. 아마 그 순간 당신의 비즈니스는 위기에 빠질 것이다. 콘텐트 생산자가 되기로 마음먹은 이상 지식과 경험에 목숨을 걸어라.

## 어떻게 지식 융복합을 하고 있을까?

　내 사업의 주된 지출 비용은 끊임없는 자기계발 영역에서 발생하고 있다. 지식을 늘리고 능력을 높이는 것이 곧 사업의 경쟁력이기 때문에 끊임없이 나에게 투자한다. 수익이 늘어남과 동시에 매달 도서와 강의 수강에 소비하는 금액도 함께 증가하고 있다. 책은 읽을수록 더 넓은 지식을 갈구하게 한다. 특히 나는 읽었던 책을 여러 차례 다시 읽으면서 곱씹는 것을 좋아한다. 그렇게 몇 권의 책에서 얻은 인사이트와 나의 기존 생각이 결합하면 새로운 사고의 확장이 빠르게 일어난다.

　이렇게 쌓은 지식을 무조건 써먹으려 노력한다. 책이나 강의를 통해 쌓이는 지식에는 실용적인 지식과 이론적인 지식이 있다. 실용적인 지식은 실제 삶에 적용해서 행동으로 옮겨볼 수 있는 지식이다. 이런 지식은 습득하는 즉시 삶에 적용해보면서 경험으로 남기고 몸으로 체득한다. 반대로 이론적인 지식은 그것을 내 나름대로 탐구하며 머리에 깊게 각인시키기 위해 노력한다.

이론적인 지식을 효율적으로 갈고닦는 방법은 그것을 글로 정리하여 써보고 남에게 가르치는 것이다. 나는 주변 사람들한테 새로 얻게 된 지식이나 생각들을 설명하는 것을 좋아한다. 그 과정에서 흥미를 느끼는 친구들은 나에게 더 깊은 질문을 던진다. 그렇게 여러 차례 질문과 대답이 오고 가면서 사고의 폭이 확장되는 기쁨을 느낄 수 있다. 이러한 이유로 지식 확장을 위한 모임이 꼭 필요하다고 생각한다. 무언가를 읽고, 무언가를 배우고, 무언가를 새로 습득하면서 그것을 바탕으로 의견을 자유롭게 나누는 모임이 필요하다. 물론 이렇게 토론하는 자리에서 서로의 주장이 갈릴 수도 있다. 의견 차이로 인해 사소한 말다툼이 벌어지기도 한다. 하지만 그 자체가 건전한 지식 발전의 과정이다.

유대인들은 도서관에서 시끌벅적하게 공부하는 문화를 갖고 있다. 세계적으로 똑똑하기로 유명한 그들이 괜히 도서관에서 떠들썩하게 공부하는 것이 아니다. 둘 셋씩 짝을 지어 주제를 정해놓고 논쟁하며 진리를 탐구하는 방식으로 학습하는 유대인의 '하브루타' 학습법은 이제 국내에서도 유명한 교육법이다. 그들의 공부법을 벤치마킹할 필요성이 있다.

앞으로 내 계획은 온라인을 통한 무료 강의를 자주 열어 융복합된 지식을 지금보다 많은 사람과 나누는 것이다. 그 과정에서 스스로 배우고 깨우치는 게 많을 것이기 때문에 무료지만 무료가 아닌 값을 매길 수 없는 시간이 되리라고 생각한다. 지식은 남들과 나눌 때 내 안에서 더 깊어진다. 다른 사람과 지식을 나누는 것에 인색하게 굴지마라.

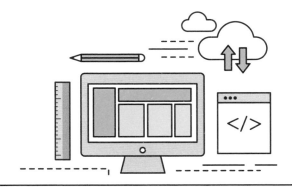

# 잠재 고객들의 반응에 귀 기울이기

지식 콘텐트 생산자로 빠르게 성장하기 위해 우리는 콘텐트 제작에 유연한 자세를 가질 필요가 있다. 유연한 자세란 우리가 설정한 타깃의 반응에 따라 콘텐트 방향을 적절하게 수정해나갈 수 있는 열린 마음을 뜻한다. 비즈니스의 기본은 고객이 원하는 것을 제공하는 것이다. 언급했다시피 고객이 원하는 것은 그들이 겪고 있는 문제에 대한 해결책이다. 허나 우리가 처음부터 타깃의 문제를 정확하게 알기는 어렵다. 그저 추정할 뿐이다. 하지만 고객은 우리에게 분명 힌트를 준다. 우리가 어떤 콘텐트를 타깃에게 제공했을 때 그들이 강렬하게 반응한다면 그것은 고객의 강력한 시그널이다. 유연함을 갖고 그들이 '이게 우리가 원하는 해결책이야'라고 외치는 소리를 잘 들어야 한다.

유튜브를 시작한 초창기에 나는 오로지 내가 만들고 싶은 소재로만 콘텐츠를 만들었다. 그 소재는 주로 '스타트업 창업'과 관련된 정보에 국한되어 있었다. 사람은 보통 자신이 관심 있어 하는 분야에 남들도 관심을 보일 거라는 큰 착각을 한다. 당시 나는 누구보다 스타트업에 관심이 많은 사람이었기에 모든 사람이 나처럼 '스타트업 창업'에 관심 있을 거란 웃기는 상상을 하고 있었다. 나의 상상은 보기 좋게 빗나갔다. 당연한 이야기지만 반응은 크지 않았고, 결과적으로 사람들이 거의 모이지 않았다. 빈털터리가 된 상태에서 조급한 마음이 들었다. 지금 돌이켜보면 내가 다른 본업을 가지고 있었거나 여유자금이 더 있었다면 스타트업 소재를 계속해서 밀고 나갔을 수도 있었다는 생각이 든다.

그러나 나는 당시 냉혹한 현실에 놓여 있었다. 하루하루 생활비를 걱정해야 했다. 그러다 보니 콘텐츠를 만들지 않는 시간에는 부업 정보를 찾아보며 이것저것 도전해보기 시작했다. 그러다 문득 이 활동 자체를 콘텐츠로 만들면 어떨까 하는 생각이 들었다. 그렇게 부업에 도전하는 콘텐츠를 만들었고 거기에 비로소 사람들이 반응을 보이기 시작했다. 나는 '땡전 한 푼 없다'라는 나의 약점을 이용한 콘텐츠에 내 경험이 담긴 차별적 요소를 넣을 수 있는 게 더 없을까 생각했다. 그것은 부업처럼 시작할 수 있는 '아주 작은 사업'에 대해 이야기하는 것이었다.

이후에 만들게 된 '부업처럼 시작할 수 있는 소자본 창업'에 관한 콘텐츠도 반응이 좋았다. 사람들이 더 관심을 보이는 분야는 거창한 '스타트업 창업'이 아니라, '부업처럼 작게 시작해볼 수 있는 소규모 사업'이라는 것을 깨달았다. 그렇게 나는 부업 정보를 전달하는 콘텐츠를 집중해서 만들기 시작했고, 그런 부업 정보들을 비즈니스 관점으로 설명하며 조금 더 유익한 정보를 전달하기 위해 노력했다.

만약 내가 소비자의 목소리를 듣지 않고 고집을 부려 처음에 생각했던 주제를 계속해서 밀고 나갔다면 어떻게 됐을까? 물론 결국 매니아층이 모여 수요를 창출했을 수도 있다. 하지만 성공했으리란 보장은 누구도 할 수 없다. 설령 성공했더라도 지금 같은 자유를 얻을 때까지 얼마만큼의 시간이 들었을지는 모를 일이다.

여기서 당신이 꼭 알아야 할 부분이 있다. 내가 말하는 콘텐츠 유연성이란 무작정 대중적인 주제를 쫓으라는 이야기가 아니다. 자신이 선정한 주제를 바탕으로 타깃은 동일하게 두고 그들이 진심으로 원하는 정보가 무엇인지 유연하게 파악하라는 말이다. 혹여나 콘텐츠 유연성을 잘못 이해하면 재테크를 주제로 시작한 콘텐츠 생산자가 돌연 메이크업을 주제로 콘텐츠를 만들었다가 나중에는 음식 먹방을 하는 참담한 실수를 저지를 수 있다. 주제를 통째로 바꾸는 선택은 최소 6개월 이상 해당 주제의 콘텐트를 꾸준하게 생산해 본 후 결정해도 늦지 않는다. 너무 자주 주제를 통째로 바꾸면 기존에 있던 인포디언스들이 혼란스러워 한다. 심한 경우 채널의 정체성을 의심하고 떠나갈 수도 있다.

어떤 주제든지 그 주제에 관심을 보이는 집단은 존재하기 마련이다. 그러나 그 주제 안에서 사람들이 무엇을 더 궁금해하는지는 우리가 계속해서 추적해야 하는 일이다. 재테크라는 큰 주제 안에서 '혜택 좋은 신용카드 소개' 또는 '알뜰하게 저축하는 법'과 같은 콘텐트를 만들었으나 기대만큼 인기를 끌지 못할 수도 있다. 반면 우연히 만든 '소액으로 하는 주식투자', '구독자의 신청을 받아 자산관리 도와주기' 같은 콘텐트에 사람들이 큰 관심을 보일지도 모른다. 이와 같은 상황에서 우리는 타깃이 원하는 정보를 어떤 식으로 전달해야 그들에게 더 도움이 되는지 고민해야 한다.

하나의 사례를 더 살펴보자. 유튜버 '요가하고 망고'는 학창시절 비만이었던 자신의 콤플렉스를 극복하고 요가로 체중 감량에 성공한 경험이 있다. 그녀는 이러한 스토리를 바탕으로 요가와 다이어트에 대한 콘텐트를 만들었다. 그녀가 설정한 타깃은 '다이어트에 관심은 있지만 격한 운동을 싫어하는 20~30대 여성들'이었다.

그녀는 두 가지 형태의 영상을 꾸준히 만들어 올렸다. 하나는 영상을 보면서 따라 할 수 있는 요가 콘텐트였고, 다른 하나는 다이어트와 관련된 정보를 앉아서 이야기하는 정보 전달 콘텐트였다. 그러나 콘텐트를 만들수록 그녀는 고민에 빠지기 시작했다. 그 두 가지 콘텐트 모두 그녀가 설정한 타깃의 반응이 크지 않았다. 요가 영상은 남성들의 조회율이 더 높았고, 다이어트 정보 영상은 타깃이 보긴 했으나 항상 조회수가 저조했다.

그러던 중 그녀는 우연히 자신이 겪은 '폭식증'에 대한 내용을 담은 다이어트 영상을 만들었다. 그 영상을 올리고서야 그녀는 타깃의 관심사가 '폭식증'이었다는 것을 깨달았다. 이전까지 만들어온 다른 다이어트 정보 영상과 달리 반응이 폭발적이었다. 자신도 폭식증을 겪고 있어 고민이라는 수많은 공감의 댓글이 달렸다.

그녀는 타깃이 반응하는 콘텐트 방향에 집중했다. 다이어트라는 보편적인 주제에 '폭식'이라는 그녀만의 차별적 주제를 가미해 콘텐트를 풀어냈다. 그녀는 타깃의 의견에 귀 기울이고 그들이 원하는 정보를 전달하기 위해 노력했다. 그와 동시에 자신이 겪었던 폭식증에 대한 '경험'을 관련 서적 수십 권을 살펴보며 '지식'과 결합했다. 앞에서 이야기했던 지식 융복합을 실천한 것이다.

콘텐트의 방향에 유연한 자세를 가지고 접근한 결과 그녀는 매월 진행하는 다이어트 유료 모임과 1:1 온라인 다이어트 코칭 서비스를 만들 수 있었다. 그녀의 프로그램에 참여하는 고객 대부분은 폭식증을 겪고 있거나 겪었던 사람들이다. 나는 그녀의 이야기가 적절한 틈새시장을 찾아 성공적으로 수익화를 달성한 사례라고 생각한다.

어떤 사람은 그녀가 폭식증에 관한 영상을 만든 우연 때문에 성공했다고 생각할 수 있다. 하지만 만약 그녀가 콘텐트 소재에 대해 열린 마음으로 고민하지 않았다면 어떻게 됐을까? 계속해서 기존의 콘텐트를 가지고 고민하면서 시간을 보냈을 것이다. 하지만 그녀는 폭식증에 대한 타깃의 반응을 무시하지 않았다. 얼핏 보면 일회성 이벤트처럼 보이는 기회를 멋지게 잡았고 그 결과 지금 그녀의 비즈니스를 만들어냈다. 끝없이 고민하고 팬들의 목소리에 귀를 기울이며 재빠르게 적응한 그녀의 뛰어난 능력 덕분에 가능했던 것이다.

위의 사례처럼 우리는 항상 팬들의 반응을 유심히 봐야 한다. 고객의 시그널은 반드시 오지만, 모든 사람이 신호를 잡아내고 응용할 수 있는 것은 아니다. 기회를 잡는 것도 실력이다. 그렇려면 어떻게 해야 할까? 혹시라도 기분이 나쁠 수 있는 쓴 피드백도 수용하는 자세를 가져야 한다. 물론 무분별한 악플까지 받아들여야 한다는 말이 아니다. 내가 하는 말이 무조건 옳다고 생각하지말고 조언을 겸허히 받아드리는 자세도 필요하다. 항상 열린 마음으로 당신의 인포디언스들을 대하고, 그들이 보내는 신호에 집중하도록 하자. 그리고 걱정스런 마음에 다시 한번 말하자면 열린 마음으로 팬들을 대한다고 당신의 주제 전체를 바꾸는 일을 섣부르게 판단하지 않길 바란다.

## 어떻게 유연한 콘텐트를 만들기 위해 노력하고 있을까?

　나는 팬들의 관심도가 어디에 있는지 확인하기 위해서 내 콘텐트 주제와 관련성이 높은 콘텐트 소재들을 테스트 목적으로 하나씩 만들어보는 편이다. 시범적으로 만든 콘텐트를 배포한 후 인포디언스들의 관심사가 몰려 있는 곳이 파악되면 해당 정보에 조금 더 집중해서 콘텐트를 전달하는 메커니즘이다. 이 과정에서 도움이 되는 방법은 내 콘텐트 주제와 관련된 연관 키워드를 최대한 많이 찾는 것이다.

　연관 키워드를 찾을 때 사용할 수 있는 몇 가지의 웹사이트가 있다. 대표적으로 나는 '블랙키위(blackkiwi.net)' 같은 사이트를 이용한다. 이곳에서 내 주제와 관련된 키워드를 검색하면 다양한 연관 키워드들을 확인할 수 있다. 나의 경우 1인 창업, 소자본 창업, 무자본 창업, 부업, 재택 알바 등의 연관 키워드들이 도출된다. 이 각각의 키워드는 비슷해 보이지만 결과적으로 전혀 다른 콘텐트 결과물을 만들어낸다.

내 콘텐트를 소비하는 사람들의 관심이 '부업'에 쏠려 있다가도 시간이 흐르면서 '무자본 창업'으로 옮겨갈 수 있다. 콘텐트 제작자는 이것을 빠르게 캐치할 수 있어야 한다. 시대는 빠르게 변하고 그에 따라 콘텐트 소비자들이 원하는 정보도 달라진다. '부업'이 반응이 좋았다고 그것만 주구장창 만들어낸다면 결국 변화하는 소비자의 트렌드를 따라가지 못할 것이다. 이렇게 유연하게 접근해 콘텐트 소재를 탐색하다보면 어느새 주제 안에서 다양한 정보를 다룰 수 있는 전문가가 돼 있을 것이다. 돈을 벌면서 동시에 스스로 계속해서 발전하는 것. 이것이야말로 콘텐트 창업가가 누리는 삶의 장점이 아닐까 생각한다.

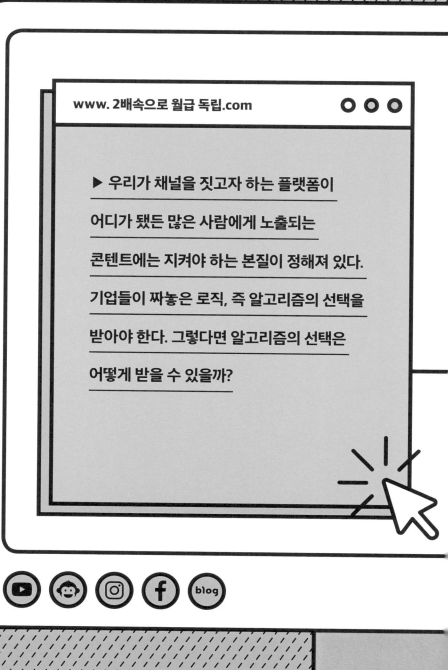

www. 2배속으로 월급 독립.com

▶ 우리가 채널을 짓고자 하는 플랫폼이

어디가 됐든 많은 사람에게 노출되는

콘텐트에는 지켜야 하는 본질이 정해져 있다.

기업들이 짜놓은 로직, 즉 알고리즘의 선택을

받아야 한다. 그렇다면 알고리즘의 선택은

어떻게 받을 수 있을까?

# 인포디언스를
# 끌어모으는
# 9단계 프로세스

# 자신의 타깃을
# 특정하는 법

당신이 만들고자 하는 콘텐트 주제가 결정되었다면 이제 본격적으로 인포디언스를 모을 차례다. 이 과정에서 첫 번째로 해야 할 일은 우리의 공연장에 어떤 사람들을 모을 것인지, 타깃을 설정하는 것이다. 이때 타깃 설정은 향후 진행할 수익화를 고려해서 결정하는 것이 좋다.

같은 콘텐트 주제라고 할지라도 모으고자 하는 타깃이 어떻게 설정되느냐에 따라 콘텐트 방향과 수익화 방향이 전혀 달라진다. 예를 들어 당신이 '통기타 연주'에 재능이 있다고 해보자. 아래처럼 두 가지의 타깃을 구상했다면 수익화의 방향은 어떻게 달라질까?

1. 통기타 연주를 취미로 배우고 싶은 20~30대 직장인
2. 통기타 음악 감상을 좋아하는 30~40대 남녀

우선 통기타를 취미로 배우고 싶은 첫 번째 타깃을 모으기 위해서는 통기타를 기초부터 알려주는 통기타 레슨 콘텐트를 만드는 게 효과적일 것이다. 이때 당신은 통기타 1:1 레슨, 그룹 레슨, 교재 판매, 악기와 용품 판매 등의 수익화 모델을 구상해볼 수 있다.

반면에 통기타를 배우는 것에는 큰 관심이 없지만, 통기타 음악 감상을 좋아하는 두 번째 타깃을 모으기 위해서는 레슨 콘텐트보다 연주 콘텐트를 지속적으로 만들어 올리는 것이 효과적이다. 이때는 개인 연주앨범을 판매하거나 가수들의 신곡을 통기타 버전으로 연주함으로써 홍보해주는 서비스를 만들어 수익을 올리는 방향을 구상해볼 수 있겠다.

물론 앞에서 이야기한 첫 번째 타깃과 두 번째 타깃이 완전하게 구분되는 것은 아니다. 통기타 음악 감상을 좋아하는 사람 중에 통기타를 배우고자 하는 사람들도 분명히 존재할 것이기 때문이다.

이 부분에 대해 걱정할 필요는 없다. 콘텐트를 제공하는 채널이 커지면 타깃은 자연스럽게 확장된다.

그러나 처음 사업을 구상하는 단계에서는 타깃을 명확하게 정해놓는 것이 좋다. 타깃을 명확하게 규정하지 않고 콘텐트를 만들기 시작하면 콘텐트 방향성이 중구난방이 된다. 이런 경우 공통된 문제를 가진 사람들을 모을 수 없게 되므로 수익화 과정에서 애를 먹게 된다. 흔히들 하는 실수를 한 가지 더 말하면, 많은 사람이 타깃을 설정할 때 대중 전체를 타깃으로 잡는 실수를 범한다는 것이다. '내 콘텐트는 누구나 볼 수 있는 콘텐트야'라고 말하고 아무도 안 보는 콘텐트를 만드는 것이 많은 사람이 실패하는 이유임을 명심하길 바란다.

모으고자 하는 타깃이 정해지면 당신은 그들이 어떤 목표를 지향하는지 파악해야 한다. 타깃이 현재 놓인 상황과 그들이 지향하고 있는 지향점이 무엇인지 상상해보자. 우리의 콘텐트는 타깃이 지향점으로 갈 수 있게 돕는 역할을 해야 한다. 이 부분에서 콘텐트 방향을 결정할 수 있다.

예를 들어 취미로 통기타를 배우고자 하는 사람들은 현재의 통기타 실력이 만족스럽지 않은 상황에 놓여 있다. 그리고 그들의 지향점은 본인들이 원하는 곡을 연주할 수 있을 정도로 통기타 실력을 키우는 것이다. 이렇게 타깃의 현재 상태와 지향점을 파악하면 만들어야 할 콘텐트 방향성이 잡힌다. 통기타 실력 향상에 도움이 되는 콘텐트를 일관되게 만들어 올리면 되는 것이다.

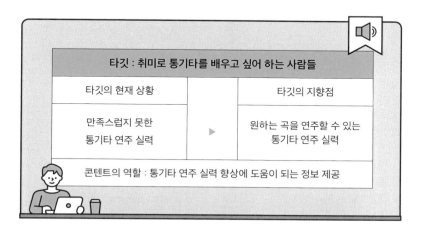

이처럼 타깃을 설정하는 일은 당신이 만들고자 하는 콘텐트 공연장의 존재 목적을 정하는 일이다. 당신의 공연장이 '어떤 정보'를 통해서 '어떤 사람들'이 '어떤 목표'를 달성할 수 있게 만들어 주는 곳인지 지금부터 고민해보기 바란다. 올바른 타깃 설정은 우리의 콘텐트 방향을 잡아주고 향후 수익화를 위한 밑바탕이 되므로 충분한 시간을 들여도 좋다.

아래의 질문을 통해 당신이 만들 콘텐트 공연장을 설계해보자.

Q. 당신의 콘텐트 주제와 관련해 떠오르는 수익화 아이디어는 무엇인가?

Q. 그 서비스에 돈을 지불할 사람들은 어떤 사람들인가?

Q. 그들이 원하는 지향점은 무엇이며, 현재는 어떤 위치에 놓여 있는가?

Q. 그들을 모으기 위해서는 어떤 콘텐트를 만들어야 할까?

위 질문의 답을 바탕으로 아래의 설계도를 완성해보자.

| 타깃 | | |
|---|---|---|
| 타깃의 현재 상황 | ▶ | 타깃의 지향점 |
| 콘텐트의 역할 : | | |

## 실전 tip

### 나의 콘텐트 공연장은 어떤 역할을 하고 있을까?

나는 서비스를 구축하는 과정에서 내 콘텐트 공연장의 설계도를 두 가지로 작성했다. 하나는 온라인을 통해 부수입을 얻고 싶어 하는 직장인들을 타깃으로 하는 영역이고, 또 다른 하나는 부수입을 넘어 자신의 콘텐트를 통해 사업을 하고자 하는 사람들을 타깃으로 하는 영역이다. 각각의 타깃에 따른 설계도는 아래와 같다.

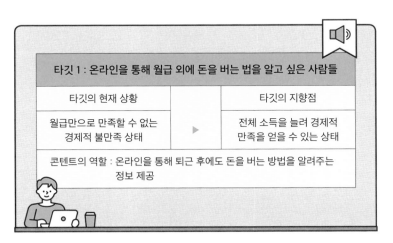

| 타깃 1 : 온라인을 통해 월급 외에 돈을 버는 법을 알고 싶은 사람들 | | |
|---|---|---|
| 타깃의 현재 상황 | | 타깃의 지향점 |
| 월급만으로 만족할 수 없는 경제적 불만족 상태 | ▶ | 전체 소득을 늘려 경제적 만족을 얻을 수 있는 상태 |
| 콘텐트의 역할 : 온라인을 통해 퇴근 후에도 돈을 버는 방법을 알려주는 정보 제공 | | |

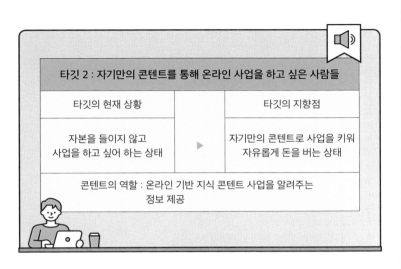

| 타깃 2 : 자기만의 콘텐트를 통해 온라인 사업을 하고 싶은 사람들 | | |
| --- | --- | --- |
| 타깃의 현재 상황 | | 타깃의 지향점 |
| 자본을 들이지 않고<br>사업을 하고 싶어 하는 상태 | ▶ | 자기만의 콘텐트로 사업을 키워<br>자유롭게 돈을 버는 상태 |
| 콘텐트의 역할 : 온라인 기반 지식 콘텐트 사업을 알려주는<br>정보 제공 | | |

이렇게 타깃의 상태와 그들이 원하는 지향점을 규정하면 내가 생산해야 할 콘텐트의 방향이 명확해진다. 이 책 또한 나의 두 번째 타깃을 위한 선물이라고 볼 수 있다. 저 위치에 있는 사람들은 내가 어떻게 사업을 만들어 키워가고 있는지를 이 책을 통해 간접적으로 느낄 수 있을 것이다. 그리고 본인의 삶에 어떻게 적용해야 할지 나의 사례를 통해 정보를 얻을 수 있다.

내가 설정한 첫 번째 타깃군과 두 번째 타깃군이 어쩌면 너무 적은 수의 집단이라는 생각이 들지도 모르겠다. 특히 첫 번째 타깃보다는 두 번째 타깃이 무척 협소한 타깃군으로 보일 것이다. 그러나 그들이 원하는 정보는 더욱 고급정보이며 그만큼 서비스 가격도 높게 측정된다. 또 첫 번째 타깃이 시간이 지남에 따라 두 번째 타깃으로 진행되는 경우가 많기 때문에 둘은 연결되어 움직인다.

첫 번째 타깃군은 경제적으로 불만족 상태에 있는 집단이기 때문에 높은 구매력이 없다. 그래서 그들이 가외 소득을 늘릴 수 있도록 정보를 알려주어 우선 소득 규모를 늘리도록 도와준다. 그렇게 소득 증가를 경험한 사람들은 자연스럽게 사업에 대한 욕심이 생기고, 이전보다 자유로운 삶을 희망하게 된다.

이렇게 발전한 사람들이 두 번째 타깃으로 나에게 온다. 나는 그들이 전보다 더 자유롭게 돈을 벌 수 있는 사업에 대한 정보를 제공하고, 그들은 이제 서비스의 대가를 충분하게 지불할 능력이 있다. 이것이 현재 내 사업에 구축한 타깃의 경로다.

# 고객들이 이용하는
# 채널을 확인하기

타깃 설정을 통해 당신이 만들고자 하는 콘텐트 공연장의 존재 목적을 정했는가? 그렇다면 이제 당신이 해야 할 일은 당신의 공연장과 같은 목적을 띠고 있는 다른 공연장들을 탐방하는 것이다. 당신이 어떤 주제를 선택하더라도 이미 온라인상에는 유사한 목표를 갖고 만들어진 채널들이 존재할 것이다. 이를 적절하게 벤치마킹한다면 당신은 훨씬 더 빠르게 당신만의 비즈니스를 만들 수 있다.

다른 채널들을 조사할 때는 다양한 플랫폼을 모두 살펴보는 게 좋다. 유튜브, 블로그, 네이버 카페, 인스타그램 등 가장 대중적으로 이용되고 있는 플랫폼에서 당신과 같은 주제를 다루고 있는 곳을 각각 1개 이상 찾아보고 정리해두기 바란다. 이 채널들을 분석하는 과정에서 당신은 콘텐트 소재에 대한 많은 힌트를 얻을 수 있다.

다른 콘텐트 공연장을 살펴보면 각각 플랫폼별로 인기를 누린 콘텐트들을 파악할 수 있다. 당신과 동일한 주제로 콘텐트를 만들고 있는 유튜브 채널에서 가장 많은 조회수를 기록한 상위 5개의 영상을 모두 분석하라. 각 영상이 어떤 정보를 전달하고 있는지, 그 정보가 왜 사람들에게 좋은 반응을 얻을 수 있었는지 살펴봐야 한다.

이때 댓글 반응을 통해 타깃의 니즈가 무엇인지 대략적으로 파악해보는 것이 중요하다. 사람들이 그 콘텐트를 좋아하는 이유를 파악함과 동시에 사람들이 더 알고 싶어 하는 정보를 알 수 있다. 나아가 기존 콘텐트에서 소비자들이 아쉬워하는 부분을 파악하고 당신의 콘텐트를 제작할 때 참고하자. 이 작업을 유튜브뿐만 아니라 블로그, 카페, 인스타그램에서도 동일하게 진행해야 한다.

이 과정에서 당신은 같은 사람이 동일 주제로 여러 플랫폼에 공연장을 구축한 모습을 쉽게 찾아볼 수 있을 것이다. 예를 들면 한 사람이 유튜브, 블로그, 카페, 인스타그램을 모두 운영하는 경우가 있다. 그것도 같은 주제를 활용해서 말이다. 이런 경우 메인 플랫폼이 무엇인지 파악해서 그 콘텐트를 유심히 살펴보라. 동시에 플랫폼별로 어떻게 콘텐트 소재를 다각화하고 있는지도 관찰해보기 바란다.

벤치마킹 단계에서는 규모가 큰 채널을 최대한 많이 살펴보는 게 좋다. 큰 채널에는 이미 당신이 모으고자 하는 타깃과 유사한 사람들이 많이 모여 있다. 이를 통해 당신은 타깃이 관심을 보이는 키워드에 관한 데이터를 대략적으로 쌓을 수 있다. 큰 채널에서 공통으로 등장하는 키워드와 관련된 내용을 당신만의 개성을 더해 소비자에게 풀어내면 된다.

더불어 플랫폼별로 관심도가 높은 콘텐트가 조금씩 다르다는 것도 인지할 수 있을 것이다. 글을 매개로 하는 블로그와 이미지를 매개로 하는 인스타그램에서 반응이 좋은 콘텐트 소재는 서로 다를 수 있다. 이런 차이점들을 파악하고 당신이 메인 플랫폼으로 설정한 창구의 특성을 고려해서 콘텐트를 구성하는 시사점을 얻기 바란다.

## 실전 tip

> ### 다른 채널을 탐방하는 방법 🔍

나 역시 지금까지도 나와 유사한 주제의 채널들을 자주 살펴본다. 트렌드에 뒤처지지 않으려면 그때그때 어떤 소재들이 주목받고 있는지 파악해야 한다. 그런 목적으로 내가 다루는 주제와 관련 있는 네이버 카페에서 인기글을 모아놓은 베스트 게시판을 보거나, 대형 유튜브 채널에서 최근 조회수가 많이 나온 영상을 주기적으로 살펴본다.

보통 이런 경우 게시물의 제목만 보고 소재 거리를 찾을 때가 있다. 그럴 때는 일부러 본문을 잘 보지 않는 편이다. 본문을 보고 영상을 만들면 무의식적으로 다른 사람이 만든 본문의 내용을 모방할 가능성이 있기 때문이다. 그래서 일단 영상을 만들고, 그제야 다른 사람이 쓴 본문을 보며 사고의 폭을 넓히고자 노력한다.

이처럼 벤치마킹은 채널을 만들기 위해 준비하는 단계에서만 필요한 게 아니다. 채널을 운영하는 내내 필요한 작업이다. 당신과 결을 함께하는 채널들이 어떤 콘텐트를 만들고 있는지, 우리 타깃은 어떤 콘텐트에 반응하고 있는지 항상 살펴야 한다. 유튜브, 카페, 인스타그램, 블로그에서 각각 플랫폼별로 벤치마킹 목표 채널들을 모두 팔로우하고 잦은 교류를 하며 정보를 교환하는 노력을 기하는 것이 좋다.

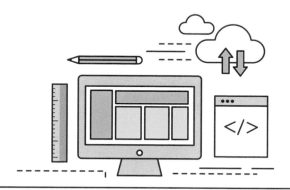

# 메인 플랫폼을 정하는 규칙

콘텐트의 주제를 정하고 다른 채널들도 살펴보았으니 이제 본격적으로 우리의 콘텐트 공연장을 만들어나갈 차례다. 온라인에서 채널을 만들려면 플랫폼을 정해야 한다. 온라인상에는 돈을 들이지 않고 채널을 만들 수 있는 다양한 플랫폼들이 존재한다. 유튜브, 블로그, 카페, 인스타그램, 페이스북, 틱톡, 팟캐스트, 오픈 채팅방 등 무엇이든 좋다. 자신의 콘텐트 성격에 맞는 플랫폼을 고르기만 하면 된다. 얼핏 보기에는 쉬워 보이지만 고려해야 할 것이 몇 가지 있다.

본인에게 적합한 채널을 고르기 위해서는 다음 세 가지를 고려해야 한다.

1. 콘텐트의 주제
2. 경쟁강도
3. 본인의 성향

## ▶ 콘텐트의 주제

당신이 정한 콘텐트의 주제에 따라서 적합한 콘텐트의 형태가 달라진다. 예를 들면 시각적으로 보여주면서 정보를 전달해야 하는 경우 영상의 형태가 적합할 것이다. 디자인 강의와 같은 콘텐트가 그러하다. 반면 시각적인 요소가 중요하지 않은 콘텐트의 경우 글 또는 음성으로 만들어도 충분히 인포디언스들을 모을 수 있다.

이처럼 만들고자 하는 콘텐트의 주제에 따라 적합한 형태가 무엇인지 고민해봐야 한다. 만약 영상의 형태로 정보를 전달하는 게 적합하다면 유튜브를 추천한다. 유튜브의 장점은 콘텐트 도달 범위가 넓어서 우리가 만든 콘텐트를 세계 각국의 많은 사람에게 선보일 수 있다는 것이다. 그러므로 영상의 형태로 정보를 전달하는 경우, 유튜브로 광범위한 모객을 한 후 블로그를 통해 진성 고객을 선별하는 방식을 추천한다. 이를 위해서는 먼저 콘텐트 주제가 영상으로 전달하기에 적합한 주제인지 검토해보는 과정이 필요하다.

콘텐트가 이미지와 글이 결합된 설명으로 제작되는 게 더 적절하다면 블로그를 운영하는 것이 좋다. 굳이 영상으로 만들어 설명하지 않아도 되는 주제까지 영상으로 만드는 건 좋은 방법이라 보기 어렵다. 실제로 콘텐트를 소비하는 사람들도 이를 알고 있다. 예를 들어 '온라인으로 가족관계증명서 떼는 법'과 같은 정보는 블로그를 통해 정보를 얻는 경우가 훨씬 많다. 이미지와 글로 정리된 자료만으로 충분히 문제해결이 가능하기 때문이다. 그러나 이런 정보까지 영상으로 만들면 손은 많이 가고 성과는 볼품없이 저조하게 될 수 있다. 대체로 영상 콘텐트는 글이 주가 되는 콘텐트보다 제작에 소모되는 시간이 길다. 굳이 영상으로 제작하지 않아도 되는 콘텐트라면 다른 방법을 사용해서 시간을 절약하고, 남는 시간을 다른 콘텐트 발굴에 투자하는 것이 현명하다.

## ▶ 경쟁 강도

앞서 우리는 벤치마킹을 위해 다른 채널들을 살펴봤다. 플랫폼별로 앞으로 경쟁 관계가 될 채널들을 확인하고, 어떤 플랫폼에 진입하는 게 수월할지 판단해볼 필요가 있다. 특히 진입하고자 하는 플랫폼에 강력한 선두주자가 자리 잡은 경우, 진입을 조금 더 심사숙고해서 진행해야 한다. 그런 경우 굳이 그 플랫폼을 선택하지 않고 경쟁 강도가 조금은 약한 플랫폼을 선택하는 것도 한 가지 전략이 된다. 하지만 개인적으로 콘텐트 시장에서 독점이란 존재하기 어렵다고 생각하기 때문에 경쟁 강도를 크게 신경 쓰지 않는 편이다. 오히려 같은 주제로 이미 큰 채널이 존재한다면 시장성이 검증된 것이므로 기분 좋게 시작할 수 있다. 같은 주제를 다룬다고 할지라도 개인 브랜딩을 통해 차별화를 꾀하면 충분히 나만의 충성 고객들을 발굴할 수 있다. 이러한 측면에서 접근한다면 큰 경쟁상대가 있다는 점을 오히려 기회로 삼을 수도 있다.

가령 유튜브에 우리와 동일한 콘텐트로 이미 큰 채널을 구축한 사례가 있다면 그 채널에서 열심히 활동하는 모습을 보이는 것이 좋다. 영상을 끝까지 보고 댓글로 소통한다. 내 유튜브 채널의 프로필과 채널명을 잘 만들어 뒀다면 타깃은 우리의 채널에도 찾아올 것이다. 이미 우리의 타깃이 모여 있는 곳에서 편하게 영업활동을 하는 것이다. 이와 관련해 건물을 빠르게 성장시키기 위한 전략은 뒤에서 조금 더 자세히 다룰 예정이다. 일단은 채널 선정 시 경쟁 강도 역시 하나의 고려사항으로 염두에 두면 충분하다.

### ▶본인의 성향

채널을 정하는 데 무척 중요한 요소 중 하나가 본인의 성향이다. 당신이 글, 영상, 음성, 이미지 중 어떤 형태의 콘텐트를 만들 때 더

즐거움을 느끼는지 생각해봐야 한다. 가령 내가 얼굴을 드러내고 목소리를 드러내는 것이 죽기보다 싫다면 영상이나 음성 콘텐트를 만드는 것은 그다지 유쾌한 일이 아닐 수 있다. 이런 경우 글을 매개체로 콘텐트를 만드는 것이 적합하다.

콘텐트 생산자가 되어 행복하게 살아가기 위해서는 자신이 좋아하는 일을 해야 한다. 당장 수익이 나오지 않는 시점에서 하기 싫은 일을 억지로 해야 한다면 그 활동은 장기적으로 유지되기 어렵다. 사람들이 모이기 전에 결국 본인이 지쳐서 그만두게 될 가능성이 크다. 단순히 블로그가 인기라거나 유튜브가 인기라서 해당 채널을 선택하는 것은 적절하지 못한 방법이다.

이 부분에서 내가 꽤 많은 사람을 교육하며 지켜본 재미있는 사실을 말해보자면, 사람들은 대부분 한 플랫폼에서 실적을 거두면 자신감이 생겨 자신이 싫어했던 창구에도 도전하게 된다. 목소리를 드러내고 얼굴을 드러내는 것에 거부감이 컸던 사람들도 글을 통해 블로그를 키우고 수익을 올리는 경험을 하면서 유튜브를 시작한다. 수익을 만드는 것이 충분히 가능하고 플랫폼이 다방면으로 구축되면 수익의 범위도 늘어날 수 있다는 것을 깨달았기 때문일 것이다.

이처럼 결국 당신이 한 가지 플랫폼에서 성공적으로 채널을 구축한다면 점차 다른 플랫폼으로 채널을 확장할 가능성이 크다. 그러므로 첫 번째 채널을 어떤 플랫폼에 만드는지가 더욱 중요하다. 수익이 생긴 후에는 자신감도 붙고 돈을 버는 재미도 생기지만, 그 전에는 오로지 콘텐트를 제작하는 재미와 성공에 대한 의지로만 버 텨야 하기 때문이다. 첫 번째 채널을 구축하는 동안 우리는 대체로 이렇다 할 뚜렷한 수익을 만들어 내지는 못할 것이다. 그 과정을 이 겨내려면 무엇보다 당신이 즐겁게 일할 수 있는 환경이 되어야 한다.

온라인에 내 콘텐트 공연장을 짓기 위한 플랫폼을 선택하는 기 준들을 살펴보았다. 까다로운 기준들이 제법 있다. 하지만 너무 걱 정하지 마라. 위에서 살펴본 모든 플랫폼은 시작하는데 돈이 들지 않는다. 그 말인즉슨 일단 어느 플랫폼이 되었든 콘텐트 제작을 시 작해보고 자신에게 적합하지 않다고 판단되면 언제든 플랫폼을 바꿀 수 있다는 말이다. 지식과 경험을 바탕으로 두려움을 내려놓 고 일단 시작하길 바란다. 시작은 어려워도 하다 보면 길이 보일 것 이다.

Q. 당신이 벤치마킹하고자 하는 채널은 주로 어느 플랫폼에서 활동하고 있는가?

Q. 당신이 정한 주제의 콘텐트는 글, 오디오, 영상, 이미지 중 어느 형태로 만드는 게 적합하다고 생각하는가? 그 이유는 무엇인가?

Q. 당신의 주제는 글쓰기 형식으로 콘텐트를 만들기에 적합한 주제인가? 또 당신은 글쓰기를 즐겁게 할 수 있는가?

Q. 당신의 주제는 카드뉴스 형식으로 콘텐트를 만들기에 적합한 주제인가?
또 당신은 카드뉴스 제작을 즐겁게 할 수 있는가?

Q. 당신의 주제는 영상 형식으로 콘텐트를 만들기에 적합한 주제인가?
또 당신은 영상편집을 즐겁게 할 수 있는가?

## 유튜브를 첫 플랫폼으로 선택한 이유

　내가 유튜브를 주 활동 플랫폼으로 결정한 과정을 살펴보자. 처음부터 영상편집을 잘 한 것도 아니었다. 촬영 장비도 빈약했다. 그럼에도 나는 유튜브를 첫 플랫폼으로 선택했다. 나 역시 앞서 설명한 3가지 기준을 가지고 유튜브를 선택했다.

　내가 유튜브를 시작할 당시에는 사람이 앉아서 무언가를 설명하는 형태의 영상들이 많이 나오기 시작했다. 나는 스타트업 창업에 대한 정보 역시 그런 방식으로 충분히 설명할 수 있으므로 영상이라는 포맷이 적합하다고 생각했다. 특히나 사업 등 돈과 관련된 정보를 다루는 경우 등장인물이 얼굴을 공개하는 것이 신뢰도를 높일 수 있다고 판단했다.

　둘째로 스타트업 창업에 관한 주제를 다루는 채널들이 유튜브에 많지 않았다. 개인 쇼핑몰 창업에 대한 정보를 제공하는 채널들이 한

창 붐을 이루고 있었지만, 스타트업 창업은 쇼핑몰과 차별성이 있어 괜찮을 것으로 생각했다. 물론 이 생각은 지금 돌이켜볼 때 좋은 판단은 아니었다. 스타트업 창업을 논하는 채널 중 거대채널이 없었다는 것은 아직 수요가 확인되지 않은 영역에서 싸워야 한다는 의미도 있었다. 당시에는 경쟁자가 아예 없는 것이 좋다고 생각했지만, 지금은 어느 정도 동일 주제를 다루는 경쟁자가 있는 것이 좋다고 생각하는 이유다.

다음으로 나의 선호도 영역에서 유튜브는 내게 좋은 선택지였다. 나는 언제까지고 돈을 벌지 못하는 상태로 콘텐트를 생산해내고 싶은 마음이 없었다. 당장 빈털터리였기 때문에 콘텐트 자체가 스스로 돈을 벌어들이는 가장 적합한 플랫폼이 유튜브라고 생각했다. 유튜브의 경우 콘텐트가 소비될 때마다 크리에이터가 광고비를 기반으로 수익을 창출할 수 있다. 이런 이유로 당시 상황에서 나에겐 유튜브 외에는 별다른 대안이 없었던 것도 맞다.

나는 앞서 말한 세 가지 이유로 유튜브를 내 첫 거점 플랫폼으로 설정하고 그때부터 편집을 배워가며 영상을 만들기 시작했다. 편집을 거창하게 배운 것도 아니다. 촬영과 편집은 모두 스마트폰으로 했으며 투자비용은 5천 원짜리 삼각대를 구매한 것이 전부였다. 나 역시 편집기술을 유튜브에 도전하면서 하나하나 배워나갔다.

지금은 값비싼 미러리스 카메라와 마이크를 구비해서 영상을 제작하고 있지만 사실 이것도 내 자기만족에 지나지 않는다. 나보다 거대한 채널을 운영하는 다른 유튜버 중 일부는 여전히 스마트폰으로만 영상을 만들고 있다. 이런 점을 볼 때 당신이 장비에 대한 부담을 가질 필요가 전혀 없다. 작게 시작하고 도전을 통해 다양한 경험을 쌓아보기 바란다.

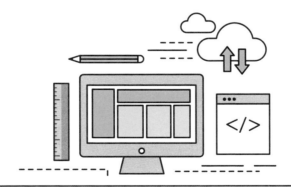

# 알고리즘의 선택을 받는 6단계 법칙

　　우리가 채널을 짓고자 하는 플랫폼이 어디가 되었든 간에 많은 사람에게 노출되는 콘텐트가 되기 위해서는 지켜야 하는 본질이 정해져 있다. 유튜브, 블로그, 인스타그램 등 대부분 플랫폼은 알고리즘 추천, 상위 노출, 인기게시물, 추천게시물 등의 개념을 갖고 있다. 이는 모두 기업들이 짜놓은 로직, 즉 알고리즘의 선택을 받아야 내가 만든 콘텐트가 더 넓게 퍼질 수 있음을 의미한다. 그렇다면 알고리즘의 선택은 어떻게 받을 수 있을까? 당연한 이야기지만 '알고리즘이 좋게 평가하는 콘텐트'를 만들어야 한다.

　　어느 플랫폼이나 알고리즘이 좋게 평가하는 콘텐트의 본질은 같다. 알고리즘은 콘텐트 소비자들이 좋아하는 콘텐트에 많은 점수를 주는 방향으로 발전해 왔다. 그렇지 않으면 플랫폼에서 사용자들이 떠나게 된다. 과장을 조금 보태 말하면 소비자들이 좋아하지 않는 콘텐트를 추천하는 알고리즘은 플랫폼을 운영하는 기업의 위기를 초래한다고 할 수 있다. 그러므로 근본적으로 알고리즘은 대중들의 관심도와 관련된 지표가 좋은 콘텐트들을 높게 평가할 수밖에 없다. 그렇다면 어떤 지표가 사용자들의 관심도를 나타낼까? 사용자들이 관심을 보이는 콘텐트의 특징을 정리하면 다음과 같다.

1. 제목/미리보기가 노출되었을 때 콘텐트 소비자로부터 선택받는 빈도가 높다.
2. 소비자들이 콘텐트에 머무는 시간이 길다.
3. 반응도가 높고 소비자들의 상호작용을 끌어낸다.
   (좋아요, 공감, 댓글, 팔로우, 구독, 저장, 공유 등의 요소)

위와 같은 특징을 가진 콘텐트를 싫어하는 플랫폼은 없다. 결국에 본질은 간단하다. 소비자들에게 많이 선택받고 플랫폼의 사용자들이 집중해서 보는 콘텐트가 좋은 콘텐트다. 나아가 소비자들을 팬으로 만들어 내면 금상첨화다. 이런 지표들이 우수하게 포착되는 콘텐트는 어느 플랫폼에서나 밀어주는 콘텐트가 된다. 그렇다면 이처럼 지표가 좋게 나오는 콘텐트는 어떻게 만들어야 할까?

이 부분에 있어 참으로 오랜 고민을 했다. 모든 채널을 관통하고 사랑받는 콘텐트를 만드는 방법을 정형화하고 싶었다. 물론 콘텐트 생산은 창작의 영역이기 때문에 정형화된 틀을 가지고 생산하는 것이 바람직하다고 보기는 힘들다. 그러나 콘텐트를 생산해본 적이 없는 초보자가 가이드라인 없이 콘텐트를 만드는 것은 쉬운 일이 아니다. 그래서 해결책을 제공하고 싶은 나는 정형화된 콘텐트의 기본 형식을 만들고자 했다.

그리고 마침내 초보자도 알고리즘의 선택을 받을 수 있는 콘텐트를 만드는 핵심 6단계 구조를 만들었다. 이제 그 방법을 알려주고자 한다. 만약 당신이 콘텐트 제작 경험이 풍부하고 만드는 콘텐트마다 알고리즘의 선택을 받는다면 이 내용은 참고만 해도 좋다. 그러나 당신이 콘텐트 제작 초보자라면 이 6단계 구조를 가이드라인 삼아 콘텐트를 만들어보는 훈련이 확실하게 도움이 될 것이다. 당신이 어떤 플랫폼에서 콘텐트를 만드는지는 크게 중요치 않다. 플랫폼과 상관없이 모든 콘텐트 제작 시 아래 6단계 구조를 적용해보자.

1. 호기심/흥미 유발을 통해 클릭을 유도하는 제목 짓기

2. 콘텐트를 끝까지 보게 만드는 초반 동기부여

3. 잠재적인 손실을 주지시키기

4. 해결책(=정보) 제시하기

5. 예시 보여주기

6. 쐐기 박기

## 1. 호기심/흥미 유발을 통해 클릭을 유도하는 제목 짓기

많고 많은 콘텐트 중에서 내 콘텐트가 사람들에게 선택받기 위해서는 소비자들의 시선을 잡아끄는 요소가 필요하다. 우리가 서점에서 책을 살펴보는 과정을 떠올려보자. 가판대에 수많은 책이 있지만 그 어떤 책도 우리가 직접 읽어보기 전까지는 그 속에 담긴 정보의 가치를 알 수가 없다. 그래서 우리는 일단 제목이 끌리는 책을 집는다. 그다음에 내용을 훑어보며 구매를 고민한다. 애초에 제목이 흥미를 끌지 못하면 책의 내용이 아무리 좋아도 사람들은 쳐다보지 않는다.

당신의 콘텐트도 마찬가지다. 아무리 좋은 정보를 담아서 콘텐

트를 만들었다고 할지라도 선택받지 못하면 아무런 소용이 없다. 콘텐트에 담긴 정보가 진정으로 자신 있다면 제목이나 미리보기 이미지를 어느 정도 자극적으로 만들 필요가 있다. 사람들의 선택을 받을 수 있는 제목을 짓기 위한 카피라이팅 능력이 필요하다. 이 부분이 약하다면 몇 가지 카피라이팅 관련 서적을 읽고 공부를 해보는 것도 좋다. 현대 사회에서 점점 카피라이팅의 중요성이 커지고 있다. 이에 따라 다양한 서적과 콘텐트도 나오는 추세다. 공부할 수 있는 참고자료는 많으니 반드시 제목을 위해 시간을 투자하자. 많은 인포디언스를 보유한 콘텐트 생산자들은 콘텐트를 기획하는 시간만큼 제목을 구상하는 데 많은 시간을 쓴다. 당신도 제목 구상에 충분한 시간을 투자하여 콘텐트를 만들 때 항상 선택받을 수 있는 매력적인 제목을 짓기 위해 고민하여야 할 것이다.

## 2. 콘텐트를 끝까지 보게 만드는 초반 동기부여

소비자들이 제목에 끌려서 당신의 콘텐트를 클릭하게 했다면 가장 어려운 관문은 통과한 것이다. 이제 들어온 사람들이 당신의 콘텐트를 끝까지 보게 만들어야 한다. 만약 당신이 시작부터 고리타분한 이야기를 하거나 당연한 이야기나 불필요한 인사말을 하고 있다면 사람들은 뒤 내용을 보지 않고 '뒤로가기'를 누를 것이다. 우선 초반에 콘텐트를 끝까지 봐야 할 동기를 주입해야 한다. 예를 들면 이 책의 동기부여 파트는 '이 책을 보면 당신도 나처럼 자유롭게 돈을 벌 수 있다'라는 이야기였다.

이 부분을 어떻게 해야 할지 감이 잡히지 않는다면 다음의 방법들을 써보기 바란다. 첫 번째 방법은 해당 콘텐트가 담고 있는 정보의 미리보기를 초반에 제시하는 것이다. 단 핵심정보를 모두 말해버리면 그것으로 콘텐트는 끝이다. 반드시 일부만 보여주면서 콘텐트를 끝까지 보면 나머지 모든 정보도 얻어갈 수 있음을 주지시킨다. 두 번째 방법은 그 콘텐트에 담긴 정보로 해결할 수 있는 문제를 언급하는 것이다. 콘텐트를 소비할 타깃이 가지고 있을 문제와 청사진을 제시하면 간단하게 동기를 유발할 수 있다. 예를 들면 이렇게 콘텐트 초반 내용을 구성할 수 있다.

'영상 콘텐트를 만들 때 편집 시간이 오래 걸려서 힘드시죠?
그래서 오늘 편집 시간을 절반으로 줄여주는 방법을 소개합니다.'

## 3. 잠재적인 손실을 주지시키기

다음 단계는 인간의 '손실 회피 편향'을 이용하여 콘텐트 소비자의 관심을 휘어잡는 단계이다. '손실 회피 편향'을 간단하게 설명하면 '인간은 같은 가치라고 할 때 그것을 얻었을 때 만족감을 느끼는 정도보다, 잃었을 때 상실감을 느끼는 정도가 더 크다'라는 심리적 현상이다. 예를 들면 1만 원을 우연히 길에서 주웠을 때의 기쁨보다 1만 원을 잃어버렸을 때 느끼는 고통이 더 큰 것이다. 그래서 인간은 손실을 회피하려는 경향을 보인다.

예를 한 가지 더 살펴보면 주사위를 던져 짝수가 나오면 10만 원을 벌고, 홀수가 나오면 9만 원을 잃는 게임을 한다고 가정해보자. 경제학에서 가정하는 합리적 인간이라면 기댓값이 1만 원 이득이기 때문에 게임에 참여한다. 그러나 실제 인간은 어떨까? 10만 원의 이익보다 9만 원의 손실이 심리적으로 더 크게 느껴지기 때문에 대부분 사람은 손실 회피 편향으로 인해 이 게임에 참여하지 않는다.

이처럼 인간이 가지고 있는 손실 회피 성향을 활용해서 콘텐트 안에서 잠재손실을 언급하는 것이 좋다. 다음 문장을 살펴보자.

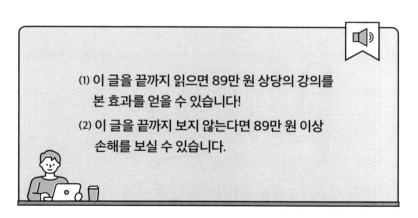

두 문장은 같은 내용이지만 인간은 손실 회피 편향 때문에 첫

번째 문장보다 두 번째 문장에 더 쉽게 설득당한다. 좀 더 나아가 단기적으로 발생할 수 있는 작은 손실과 장기적으로 발생할 수 있는 큰 손실을 대비해서 콘텐트를 보게 만드는 방법도 효과적이다. 콘텐트를 보기 위해 당장 감수해야 할 손실보다 콘텐트를 보지 않았을 때 추후 발생할 손실이 훨씬 더 크다는 것을 강조하는 것이다. 위에서 예시로 썼던 문장을 활용하여 다시 살펴보자.

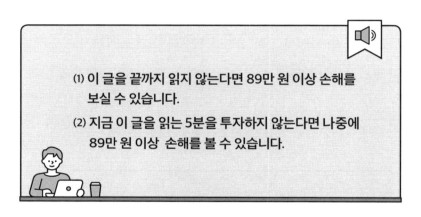

(1) 이 글을 끝까지 읽지 않는다면 89만 원 이상 손해를 보실 수 있습니다.
(2) 지금 이 글을 읽는 5분을 투자하지 않는다면 나중에 89만 원 이상 손해를 볼 수 있습니다.

두 번째 문장은 5분이라는 적지만 구체적인 수치를 제시해서 당장 투자하는 시간 대비 향후 잠재적으로 발생할 손실이 훨씬 크다는 것을 주지시키는 문장이다. 당신의 콘텐트에 이처럼 잠재손실을 인지시킬 수 있는 부분을 삽입해봐라.

## 4. 해결책(=정보) 제시하기

잠재적 손실을 인식시켰다면 제공하고자 했던 정보를 본격적으로 풀어놓을 차례다. 당신이 가지고 있는 지식과 경험을 바탕으로 소비자에게 충분히 가치 있는 정보를 전달해야 한다. 이 단계에서 중요한 것은 '가치 있는 정보'다. 누구나 알고 있을 법한 뻔한 정보를 장황하게 이야기하는 것은 절대로 하지 말아야 할 행동이다. 정보에 자신이 없다면 조금 더 지식과 경험을 쌓고 콘텐츠를 만드는 것이 좋다.

지금 설명하는 6단계 구조에 따라 앞에서 잔뜩 바람을 불어 넣어놓고 당연한 소리만 하다가 끝난다면 그건 정말 최악의 콘텐트라 할 수 있다. 한두 번은 그렇다 치겠지만 이러한 행동이 반복된다면 소비자는 더 이상 당신을 신뢰하지 않을 것이다. 이 점을 주의하자. 콘텐트의 양보다 정보의 품질이 더 중요하다. 종종 사람들은 콘텐트를 많이 만들어 내야 한다는 것에 압박을 받는 것 같다. 많은 경우 하루에 하나씩 콘텐트를 생산해 양으로 승부 지으려는 모습을 보인다. 그렇지만 지식과 경험이 풍부하거나 콘텐트 제작능력이 월등히 뛰어난 게 아니라면 콘텐트 양이 늘어나는 만큼 정보의 질은 떨어지게 돼 있다. 콘텐트를 만들 때는 시간을 충분히 들여 좋은 정보를 전달하는 것에 더 초점을 맞춰야 한다.

## 5. 예시 보여주기

필요에 따라 우리는 정보에 대한 예시를 제공함으로써 사람들의 이해도를 높여줘야 한다. 보통 정보라는 것은 추상적인 개념이기 때문에 실제 사례 등을 가미해서 설명을 보완하면 타깃이 쉽게 이해할 수 있는 좋은 콘텐트가 된다. 특히 해당 정보를 통해 문제를 해결한 사례를 구체적으로 보여준다면 정보의 신뢰도가 높아지는 효과도 얻을 수 있다.

만약 당신이 수익화를 진행해서 당신의 유료 서비스를 론칭하려 한다면 서비스의 구체적인 샘플을 제시하는 게 좋다. 타깃이 당신의 서비스를 구입했을 때 얻게 되는 고급 정보 일부를 과감하게 무료로 공개하는 것이다. 이를 통해 소비자의 궁금증을 증폭시키고 서비스에 대한 관심도를 끌어올릴 수 있다.

## 6. 쐐기 박기

마지막으로 콘텐트를 본 사람들이 '특정 행동'을 하도록 유도하는 결정타 한 방이 필요하다. 만약 구독이나 팔로우를 유도하는 거라면 다음에 공개할 정보에 대해 기대감을 심으며 잊지 말고 보라는 식의 내용을 콘텐트 끝자락에 담는 것이 좋다. 혹은 좋아요 또는 댓글 등의 반응도를 끌어올리기 위해서도 해당 행동을 유도할 수 있는 내용을 제시한다.

여기서 행동을 유도한다는 것은 구걸을 의미하는 게 아니다. 유튜브 영상을 보면 의미 없이 '구독과 좋아요. 해주세요.'를 남발하는 모습을 쉽게 볼 수 있다. 하지만 고객들은 당신이 구걸한다고 해서 행동하지 않는다. 더 좋은 방법은 그들에게 도움이 되고 이득이 될 수 있음을 간접적으로 느끼게 만드는 것이다.

'다음에 다룰 내용은 영상 컷 편집을 자동으로 하는 방법인데, 아마 오늘 알려드린 방법과 그 방법을 함께 쓰시면 영상편집은 30분이면 충분할 겁니다. 그 방법이 궁금하시다면 다음 편을 기대하세요.'

위와 같은 식으로 결정타 한 방을 통해 소비자 본인이 얻을 수 있는 이익을 느끼고 스스로 행동하게끔 유도해라. 저러한 문장은 고객이 스스로 '다음 콘텐트도 나에게 필요한 정보이군, 까먹을 수 있으니 구독을 해두고 꼭 봐야겠다!'라는 행동 결정을 하게 만든다. 본인에게 이득이 되면 사람들은 자발적으로 행동한다. 그러므로 이익을 떠올릴 수 있도록 만들어라. 그리고 제발 구걸은 그만뒀으면 한다.

앞서 소개한 6단계 구조는 설득을 위한 콘텐츠를 만들 때 언제나 적용할 수 있는 매직 템플릿이다. 구독을 유도하는 유튜브 영상을 만들거나 참여를 유도하는 캠페인 콘텐츠를 만들 때도 상기 6단계를 바탕으로 내용을 구성하면 높은 성과를 얻을 수 있을 것이다. 물론 콘텐츠 제작이 점점 익숙해진다면 자신만의 자유로운 형태로 콘텐츠를 만들고 소비자의 공감을 끌어낼 수 있을 것이다. 그러나 초보자의 경우 지금까지 설명한 6단계 구조를 바탕으로 콘텐츠 제작 경험을 늘려나가는 것이 좋다.

# 나만의 브랜드 만들기

콘텐츠를 만들 때는 두 가지 형태의 콘텐츠를 적절하게 배합해서 만드는 것이 좋다. 하나는 정보 전달 목적의 콘텐트고 다른 하나는 브랜딩 목적의 콘텐트다. 이것들을 살펴보기 전 우선 비즈니스적인 관점에서 한 가지 이야기를 해보고자 한다.

오늘날 우리는 공급 과잉 시대에 살고 있다. 고객은 자신이 원하는 상품이나 서비스를 언제든 편리하게 구매할 수 있다. 설령 새로운 상품이나 서비스가 나타나더라도 금방 유사한 상품과 서비스들이 우후죽순으로 따라 생겨난다. 요즘은 기술 수준도 높기 때문에 상품들의 품질 역시 대부분 좋은 편이다. 이런 상황에서 비즈니스를 키우고 상품과 서비스를 효과적으로 판매하는 데 필요한 것이 바로 '브랜드'다.

요즘 고객들은 어떤 상품을 구매할지보다 누구에게 구매할지를 더 고민한다. 이는 당신이 단순히 서비스만 강조해서는 효과적인 비즈니스를 하기 어렵다는 말도 된다. 성공적인 판매를 하고 싶다면 고객으로 하여금 당신이 가진 이미지 자체를 소비하게 해야 한다. 같은 콘텐트를 토대로 서비스를 제공하는 경쟁자들이 이미 존재하는 상황에서 고객이 반드시 당신에게 사야만 하는 이유를 제공해야 한다. 이처럼 오늘날 비즈니스는 브랜딩을 통한 고객 신뢰 구축을 빼놓고는 이야기하기 어렵다.

우리가 두 가지 형태의 콘텐트를 만들어야 하는 이유가 여기에 있다. 정보 전달 목적의 콘텐트는 정보라는 해결책을 제시하며 타깃을 불러 모으는 역할을 한다. 반면 브랜딩 목적의 콘텐트는 고객이 당신을 신뢰할 수 있는 이유를 제공하는 역할을 맡는다. 물론 이 두 가지 형태의 콘텐트가 완전히 독립적으로 분리되어 존재하지는 않지만, 구분을 해보자면 다음과 같이 설명할 수 있겠다.

정보 전달 목적의 콘텐트
- 타깃이 원하는 정보를 중점으로 제공하는 콘텐트

브랜딩 목적의 콘텐트
- 자신의 이야기를 중점으로 제공하는 콘텐트

브랜딩에서 중요한 건 이야기다. 사람들은 스토리에 반응한다. 정보를 전달하는 화자가 자신의 스토리를 진솔하게 들려줄 때 사람들은 그를 신뢰하기 시작한다. 앞에서 약점을 드러내는 콘텐트가 롤 모델이 되기에 효과적이라고 했던 것을 기억하는가? 약점을 드러내는 것은 강력한 스토리를 담고 있다. 일반적으로 사람들이 감추고 싶어 하는 부분을 공개해서 공감을 얻는 것이다. 사람들은 이러한 스토리에 매료되고 화자에 대해 친근감과 신뢰를 느끼게 된다.

사람들은 종종 이 부분에 대한 중요성을 간과한다. 자신의 스토리는 감춘 채 정보만 로봇처럼 쏟아내는 것이다. 주식투자에 관한 정보를 전달하는 두 명의 콘텐트 생산자가 있다고 해보자. 한 명은 자신의 투자 실패경험과 성공담 등을 이야기하며 정보를 전달한다. 반면 다른 한 명은 매일매일 시황정보만 올리는 것이 전부다. 이 두 창작자 중 콘텐트 시장에서는 누가 더 희소성이 있을까? 당연히 자신의 경험을 같이 곁들인 사람의 콘텐트일 확률이 높다. 당신이 제공하는 정보와 유사한 정보를 제공하고 있는 경쟁상대는 이미 많다. 그 정보가 다른 가치를 가지기 위해서는 당신의 스토리를 콘텐트에 부여해서 특별한 브랜드를 만들어야 한다.

콘텐트에 브랜드 성격을 부여하기 위해 중요하게 살펴봐야 할 요소가 한 가지 더 있다. 바로 일관성이다. 일관성은 정보 전달 목적의 콘텐트든 브랜딩 목적의 콘텐트든 종류에 상관없이 항상 동일하게 유지돼야 하는 요소다. 콘텐트가 일관된 색깔을 유지하기 위해서는 당신의 성격이 꾸준히 콘텐트에 묻어나는 것이 좋다.

콘텐트를 만들기 전 당신이 콘텐트를 통해 보여주고 싶은 본인의 성격을 떠올려보기 바란다. 나는 컨설팅을 할 때 고객들에게 세 가지의 핵심 성격을 떠올리게 한다. 예를 들어 (친근한), (에너지가 넘치는), (표현력이 풍부한) 같은 세 가지 핵심 성격이 자신이 가진 강점이라고 생각한다면, 콘텐트를 만들 때 항상 이 부분을 염두에 두고 만들어라. 이러한 핵심 성격은 콘텐트의 '톤앤매너(Tone&Manner)'가 된다. '톤앤매너'란 일관적이고 지속적인 느낌을 주어 사람들에게 자신을 연상시키는 마케팅 방법을 뜻한다. 비록 당신의 블로그에 올라가 있는 글이 아니더라도 사람들이 당신의 글을 보고 바로 당신이 쓴 글임을 인지할 수 있다면 성공적인 브랜딩을 했다고 할 수 있다. 영상도, 이미지도 마찬가지다.

브랜딩의 중요성을 깨닫고 간혹 핵심 성격을 정할 때 거짓된 이미지를 만들어 내는 경우가 있다. 이것은 그다지 좋은 전략이 아니다. 남들에게 보여주기 위해 인위적으로 만들어 낸 성격은 당신을 대변하지 못한다. 결국에 당신이 가진 본래의 성격이 드러나게 되면서 사람들은 혼란을 겪을 수 있다. 죽을 때까지 연기할 게 아니라면 솔직한 자신의 성격을 보여주는 것이 좋다. 물론 자신의 콘텐트에 도움이 되지 않는 성격을 가지고 있다면 성격을 바꾸기 위해 노력해보는 것도 좋은 방법이다.

핵심 성격 세 가지를 정했다면 당신의 모든 콘텐트에 그 성격을 담아라. 누가 봐도 당신의 콘텐트임을 알 수 있게 만들면 당신의 브랜드는 시간이 지남에 따라 자연스럽게 구축될 것이다. 아래 질문에 답을 고민해보면서 브랜딩 과정을 제대로 진행해보기 바란다.

Q. 당신이 정한 콘텐트 주제와 관련하여 당신은 어떤 개인적인 스토리를
가지고 있는가?

Q. 당신이 콘텐트에 담고 싶은 핵심 성격 세 가지는 무엇인가?

Q. 당신이 만들 수 있는 정보 전달 목적의 콘텐트 소재는 무엇이 있는가?
(세 가지만 구상해서 적어보자.)

Q. 당신이 만들 수 있는 브랜딩 목적의 콘텐트 소재는 무엇이 있는가?
(세 가지만 구상해서 적어보자.)

## 브랜딩을 어떻게 했을까?

나는 '돈'과 관련된 채널을 운영한다는 점에서 진실한 태도가 가장 중요하다고 생각했다. 그렇게 '포리얼(for real)'이라는 닉네임이 탄생했다. 내 활동명은 소비자들에게 진실한 태도로 콘텐트를 만들겠다는 마음을 담아서 정한 것이었다. '돈'은 우리 삶에서 떼어놓을 수 없으면서도 무척이나 민감한 주제이다. 솔직하지 않으면 사기꾼이 되기 쉽다.

진솔함과 동시에 내가 중요하게 전달하고 했던 가치는 '참신함'이었다. 이미 많은 사람이 다룬 콘텐트보다 아직 많이 다뤄지지 않은 정보들을 소개하기 위해 노력했다. 남들이 많이 다룬 콘텐트라면 새로운 관점에서 접근해서 색다른 느낌을 주고자 노력했다. 콘텐트를 소비하는 사람들이 '이런 것도 있구나'라는 마음이 들 수 있는 콘텐트를 만드는 것이 내가 설정한 또 하나의 목표였다.

마지막으로 내가 가치를 둔 영역은 '동기부여'였다. 누구나 도전하여 성과를 낼 수 있음을 역설하고 잘난 것이 없는 내가 직접 시도해서 성과를 만드는 모습을 보여줌으로써 사람들에게 도전에 대한 동기를 부여하고자 했다. 콘텐트를 본 사람들이 행동하게 만들 수 있다면 동기부여의 영역은 나만의 강력한 무기가 되리라고 생각했다.

결론적으로 내가 구축한 핵심 가치는 (진실된), (참신한), (동기부여가 되는)이다. 나는 이러한 성격을 기반으로 세 가지의 핵심 콘텐트를 만들어가고 있다. 내 콘텐트는 크게 나눠보면 동기부여 및 마인드셋 콘텐트, 온라인으로 돈을 버는 다양한 방법을 알려주는 콘텐트, 퍼스널 콘텐트 탐색 및 개인 브랜딩하는 법에 대한 콘텐트로 나뉜다. 이렇게 기둥이 되는 세 가지의 콘텐트 주제를 다루는 과정에서 앞서 이야기한 세 가지의 성격을 콘텐트 안에 모두 담기 위해 노력하고 있다.

# 채널 확장하기

나는 잠재 고객을 몇 단계에 걸쳐 거른 후 선별된 고객에게만 서비스를 제공하는 걸 선호한다. 온라인 1인 비즈니스는 본인에 대한 평판 관리가 특히나 중요하다. 아무에게나 서비스를 제공하다 보면, 서비스의 가치를 느끼지 못하는 사람들이 필연적으로 등장한다. 지식 콘텐트는 무형의 서비스이기 때문에 필요도에 따라 콘텐트 가치를 느끼지 못하는 사람들이 존재한다. 쉽게 말해 호불호가 갈릴 수 있다는 말이다. 이런 경우 서비스를 잘못 구매한 고객은 말할 것도 없고, 서비스를 판매한 사업자한테도 마이너스가 된다. 좋지 않은 리뷰가 달리고 평판이 나빠지기 때문이다. 그래서 우리는 무료 콘텐트를 통해 충분한 가치를 느끼는 사람에게만 유료 서비스를 판매할 수 있도록 고객을 선별하는 과정을 만들어야 한다.

이를 위해 첫 번째 채널이 어느 정도 자리를 잡기 시작하면 두 번째 채널을 다른 플랫폼에 만든다. 예를 들어 내가 유튜브에 첫 번째 채널을 만들어 500명 정도의 사람들을 모았다면, 그다음으로 블로그를 만드는 것이다. 물론 유튜브는 계속 운영하는 채로 2차 채널인 블로그도 함께 키워야 한다. 이때 첫 번째 채널에는 두 번째 채널로 갈 수 있는 통로를 만들어 둔다. 유튜브 영상 아래에 '더 많은 정보를 원한다면 블로그를 방문해주세요' 같은 문구를 넣어 두 번째 채널의 존재를 알리는 것이다.

이 과정을 통해 우리는 관심도가 높은 고객을 걸러낼 수 있다. 물론 첫 번째 채널에 500명의 사람이 모였다고 해도 그중 두 번째 채널까지 찾아오는 사람은 100명도 안 될 것이다. 그러나 이들은 우리의 진짜 가망 고객이다. 이들은 우리가 제공하는 정보를 충분한 가치가 있다고 판단하기에 두 번째 채널까지 찾아오는 수고를 감수한 사람들이다. 당연히 구매 확률도 높고 서비스에 대한 만족도도 높을 수밖에 없다.

나는 이와 같은 고객 구분을 많게는 네 단계에 걸쳐서 진행하고 있다. 내 첫 번째 채널은 유튜브다. 유튜브를 통해 유입된 사람 중 내가 제공하는 정보에 관심이 높은 사람들은 블로그에 방문하게 된다. 블로그에서는 오픈 채팅방과 카페로 가는 통로가 있다. 블로그에 있는 글들까지 상세하게 읽어보고 내가 제공하는 정보에 충분한 가치를 느낀 사람들은 당연히 오픈 채팅방과 카페까지 유입이 된다. 이렇게 몇 겹을 뚫고 선별된 사람들은 내가 컨설팅이나 강의 등의 서비스를 제공했을 때 그 정보를 충분히 흡수할 수 있는 사람들이다. 이런 고객들에게 서비스를 제공해야 비로소 서로에게 긍정적인 시너지가 생기는 거래가 발생한다.

　간혹 수익화가 이뤄지고 나면 서비스를 판매하는 데 혈안이 되어 노골적인 홍보성 콘텐트만 만드는 사람들이 있다. 그러나 이는 절대로 하지 말아야 할 행동이다. 단기적으로 돈을 조금 더 벌 수는 있겠지만 장기적인 관점에서는 평판이 떨어지고 브랜드를 쌓아가는 데 어려움을 겪을 가능성이 농후하다. 콘텐트를 만들 때는 그것이 무료 콘텐트일지라도 정말로 가치 있는 정보를 생산해서 제공해야 한다. 2차 채널을 선택할 때는 다음과 같은 전략들을 고려하며 결정하도록 한다.

## 1. 첫 번째 채널과 다른 매개체를 사용하는 플랫폼 선택하기

　플랫폼에 따라 정보를 전달하는 매개체는 대표적으로 글, 영상, 음성, 이미지로 나뉜다. 당신이 첫 번째 채널을 영상을 매개체로 하는 유튜브에서 만들었다면, 두 번째 채널은 매개체를 바꾸어 글이나 이미지를 사용해서 콘텐트를 만들 수 있는 플랫폼을 선택하는 것이다. 매개체가 달라지면 같은 콘텐트 주제로 만들어 낼 수 있는 소재가 다양해진다. 또 영상을 선호하는 사람이 있는가 하면 글이나 이미지를 선호하는 사람들이 있기 때문에 더 많은 잠재 고객에게 콘텐트가 도달할 가능성도 생긴다. 이처럼 매개체를 바꾸는 전략은 고객을 선별하는 역할을 하는 동시에 신규 예비 고객을 유치하는 기회도 된다.

## 2. 첫 번째 채널과 다른 성격의 플랫폼 선택하기

채널의 성격은 소통의 방향성과 폐쇄성으로 구분할 수 있다. 첫 번째 채널이 블로그처럼 일방적 소통이 주를 이뤘다면 두 번째 채널은 카페처럼 커뮤니티 성격이 두드러지는 플랫폼에 구축하는 선택을 하는 것이 좋다. 또는 블로그에서 오픈 채팅방으로 두 번째 채널을 개척하는 전략도 좋다. 오픈 채팅방 역시 참여자들이 서로 정보를 주고받는 양방향 커뮤니티 성격을 띠고 있기 때문이다.

채널의 성격이 공개적인지 폐쇄적인지도 결정의 요소가 될 수 있다. 블로그의 경우 공개성이 강하지만 카페는 폐쇄성을 높일 수 있다. 가입 자체를 제한하거나 등급에 따라 접근할 수 있는 콘텐트를 제한하는 기능을 통해 폐쇄성을 적절하게 유지할 수 있다. 가치 있는 정보를 얻을 수 있다면 사람들은 기꺼이 등급을 올리기 위해 노력할 것이다. 그리고 그렇게 노력하는 사람은 당신의 콘텐트 가치를 알아보는 충성도 높은 인포디언스라고 판단할 수 있다.

채널 확장전략은 한 채널에만 의존하면 벌어질 수 있는 위험을 분산하는 효과도 가지고 있다. 당신의 거점 채널이 오로지 한 플랫폼에만 집중돼 있다면 장기적인 관점에서 바람직하지 못한 전략이다. 극단적으로 생각했을 때 지금은 많은 대중이 사용하고 있는 유튜브가 수년 후에 갑자기 사라질 가능성도 조금이나마 존재한다. 만약 당신의 채널이 오로지 유튜브에만 존재하는 경우 이와 같은 상황이 발생하면 하루아침에 비즈니스 자체가 큰 위기를 겪게 될 것이다. 그러나 채널을 확장하고 두 번째, 세 번째 거점을 만들어 뒀다면 플랫폼 붕괴의 위험이 분산된다. 당신의 고객은 유튜브가 아니더라도 당신을 쉽게 찾을 수 있기 때문이다.

## 어떻게 채널을 확장했을까?

내가 채널을 확장한 방법을 말하기 전에 프랜차이즈 사업을 하면서 느꼈던 세일즈 법칙을 잠깐 말해보고자 한다. 내가 프랜차이즈 사업을 하면서 느낀 것은 영업과 연애는 큰 차이가 없다는 것이다. 연애에서 밀고 당기기가 중요하듯이 세일즈에서도 밀고 당기기가 중요하다. 당시 나는 창업 상담을 원해서 방문한 고객에게 가맹점을 마구잡이로 팔지 않았다. 성공할 가능성이 적어 보이는 고객에게는 정중하게 다음과 같이 이야기했다.

"이 사업과 잘 맞지 않으신 것 같습니다. 성공할 가능성이 적어 보입니다. 다른 창업 아이템을 알아보시는 게 좋겠습니다."

이렇게 이야기하면 십중팔구 고객은 자신이 성공시킬 자신이 있으니 맡겨만 달라고 한다. 신기하게도 실패할 가능성을 말하며 판매를 안 하겠다고 할수록 고객은 더 적극적으로 가맹점 계약을 하고자 했다. 이렇게 세일즈에도 밀당이 필요하다. 장사를 못 하는 사람은 구걸을 한다. 자신들의 제품이 좋다고 어필하며 노골적으로 사달라고 이야기한다. 하지만 고객들은 그럴수록 더 뒷걸음질 치게 된다.

모든 것엔 순서가 있다. 처음 만나 차를 마시고, 밥을 먹고, 대화를 나누다가 친해지고, 손을 잡고, 포옹도 하고… 이후는 상상에 맡긴다. 그러나 만나자마자 결혼하자고 달려드는 사람이 있다면 당신은 어떻게 하겠는가? 세일즈에서 무언가 판매할 때 곧바로 구매를 종용하는 것은 만나자마자 결혼하자고 하는 것과 같다. 그렇게 무모한 사람이 어디 있을까 싶지만, 대다수의 영업능력이 떨어지는 판매원들이 처음 본 사람한테 다짜고짜 사달라고 매달린다.

다시 채널 확장에 관한 이야기로 돌아가면 내가 유튜브 광고수익을 벗어나 첫 번째로 그럴듯한 수익화를 시도한 것은 전자문서 판매다. 대학 시절부터 해온 주식투자 지식을 기반으로 투자 생 초보자를 위한 기초 입문서를 전자문서 형태로 만들었다. 그리고 이것을 어떻게 성공적으로 판매할 수 있을지 고민했다. 당장 유튜브에서 영상을 통해 홍보하는 것은 그다지 좋은 전략처럼 보이지 않았다. 효과는 미미하고 이미지만 나빠질 것 같은 생각이 들었다.

그때 내게 효과적인 판매 방식에 대해 영감을 준 것이 송명진 대표(유튜버 자수성가 청년)였다. 그의 영상을 보며 흥미가 생긴 나는 유튜브 채널에 달린 링크를 통해 그의 블로그에 방문했다. 그의 블로그 글들을 보며 느낀 것이 있었다. 그는 기가 막히게 자신이 서비스하고 있는 것들을 어필하고 있었다. 설득을 위한 기법들이 완벽하게 녹여져 있었다. 송명진 대표는 온라인에서 앞서 언급한 세일즈 설득의 구조를 완벽하게 구축해놓았다. 유튜브에서 블로그로, 블로그에서 그의 사업과 관련된 웹사이트로, 사람들을 이동시켰다. 결국에는 그가 제공하는 정보에 관심 있는 사람들만 남도록 장치를 만들어 둔 것이다. 글의 구조적 특징도 한 몫했다. 인간의 심리를 간파한 글의 구조는 그의 서비스를 구매하고 싶은 마음을 일으키기 충분했다.

유튜브에서 바로 전자문서를 사달라고 하는 것은 만나자마자 결혼하자는 것과 같다. 세일즈에서 밀당의 중요성을 인지한 나는 블로그와 인스타그램 계정을 개설했다. 인스타그램에서는 내가 주식투자로 수익을 낼 때마다 이미지를 통해 인증하여 간접적으로 주식투자 실력을 어필하였다. 동시에 내가 투자한 종목에 관해 투자 이유를 짤막하게 메모해서 남겼다. 블로그에서는 전자문서를 판매하기 위해 두 개의 글을 올렸다. 하나는 자본을 이용해 '투자 활동'을 하는 것이 왜 중요한지를 설명한 글이었고, 다른 하나는 전자문서 작성을 통해 돈을 버는 방법에 대한 정보성 글이었다.

소비를 줄이고 투자를 해서 자산을 늘려야 함을 설명한 첫 번째 글을 본 사람들은 '투자 활동'에 대한 관심도가 높아진다. 그들 중에 전자문서 작성을 통해 돈을 버는 방법에 관심 있는 사람들은 정보성 글을 읽던 중 사례로 나오는 내 '주식투자 입문자용 전자문서'의 존재를 알게 된다. 그들은 정보성 글을 읽던 중 무의식적으로 설득돼 내 전자문서를 구매했다.

전자문서는 판매 시작 후 일주일간 성과가 크게 나타나지는 않았다. 그러나 인스타그램과 블로그를 통해 판매를 위한 통로를 만든 후 하루 10만 원 이상 수익이 생겼다. 원가가 없다 보니 수수료를 빼고는 모두 순이익이었다. 나는 하나의 전자문서로 한 달에 420만 원의 수익을 올렸다. 무자본으로 만든 수익화 상품이 채널 확장전략과 만나 내 또래 직장인의 월급 이상을 벌어들이기 시작한 것이다.

# 콘텐트로
# 수익 창출하기

이 책을 보는 많은 사람이 이번 장을 가장 관심 있게 살펴보지 않을까 생각한다. 아마 목차를 보고 이곳으로 바로 넘어온 사람들도 적지 않게 있을 것이다. 그만큼 수익화는 중요한 영역이다. 앞에서 누차 이야기했지만 우리는 취미 생활로 콘텐트를 만들고 있는 게 아니다. 가치 있는 정보를 꾸준하게 만들어왔다면 노력에 대한 합당한 보상을 얻어내야 한다. 누구도 수익 한 푼 없이 꾸준하게 좋은 콘텐트를 만들 수는 없다. 콘텐트 생산자는 자신의 지식과 경험에 대해 그 가치를 인정받아야 하며, 그럴 때 더 좋은 콘텐트를 생산하는 선순환을 그릴 수 있다. 콘텐트를 통한 비즈니스로 수익을 만들 때는 크게 다음과 같은 카테고리로 수익화 도구를 분류해볼 수 있다.

**지식전달, 제품판매, 마케팅활동**

## ▶지식전달

지식전달을 통한 수익화는 무자본으로 시작하기에 아주 적합한 수익창출 방법이다. 자신이 가지고 있는 정보 자체를 판매하는 것이기 때문에 제조원가가 따로 없다. 이는 매출 대부분이 순이익이 된다는 말이다. 1인 비즈니스라면 재고 부담과 A/S 이슈가 적은 사업을 하는 것이 안전하다. 지식전달을 통한 사업이 이러한 성격에 가장 부합한다고 볼 수 있다. 당신이 만들어온 지식 콘텐트를 기반으로 다음과 같은 지식전달 서비스들을 제공할 수 있다.

- 강의

우선 당신이 다루던 지식 콘텐트와 관련된 내용으로 온라인 또는 오프라인에서 강의를 진행할 수 있다. 처음 강의를 시도할 때는 사람들로부터 관심도가 높았던 콘텐트 소재로 강의 주제를 선정할 것을 권한다. 이와 더불어 사전에 글을 게시하여 수요조사를 해보는 것이 좋다. 강의안을 잔뜩 만들어 놓았지만, 수강생 모집이 안 돼

낭패를 보는 경우도 많다. 만약 댓글을 통해 사람들로부터 '이 내용에 대해 혹시 강의도 하시나요?' 같은 질문을 받는다면 가장 좋다. 이런 경우 그 주제를 바탕으로 해당 고객에게 먼저 강의를 제공하고 내용을 보완해나가는 방법을 쓸 수 있다.

처음 강의를 진행하는 경우에는 4명 이하의 소수 고객을 모아 작게 여러 번 강의를 경험해보는 게 좋다. 그 과정에서 강의안이 개선되고 당신의 강의 능력도 향상될 것이다. 강의마다 질의응답 시간을 갖고 공통으로 나오는 질문은 강의안에 반영하도록 한다. 자주 나오는 질문은 그만큼 다른 사람들도 궁금해하는 내용이므로 당신의 채널을 키우기 위한 콘텐트 소재로도 사용할 수 있다.


오프라인 강의의 경우 위치가 좋은 역세권의 스터디룸을 빌려 시작하자. 보통 1시간에 인당 1,500원에서 2,000원 정도로 빌릴 수 있다. 강사 포함 5명이 2시간 장소를 빌린다면 최대 2만 원 정도의 대관료를 생각하면 된다. 오프라인 강의를 시작한다면 이러한 대관료를 고려해서 적절한 강의료를 책정하면 되겠다.

온라인의 경우 ZOOM 같은 프로그램을 활용해 더욱 간단하게 강의를 진행할 수 있다. 향후 자동화 파트에서 살펴보겠지만 당신이 일하지 않고도 돈을 버는 시스템을 만들기 위해서는 온라인 강의에 익숙해져야 한다. 우선은 공간으로부터 자유로워지고, 강의를 녹화해 제공하는 방식으로 완전한 자유를 얻을 수 있다. 이 부분에 대해서는 자동화 파트에서 조금 더 자세히 살펴보도록 하자.

- 세미나

오늘날 세미나는 대규모 강의와 크게 구분되지 않는 모습을 보인다. 굳이 구분하자면 세미나는 행사의 성격을 띠고 있어 식순 등 절차가 조금 더 갖춰진 모습이고, 외부 전문가의 특강 등을 행사에 포함해서 진행하는 경우가 많다. 그래서 1인 비즈니스에서 오프라인 세미나를 거창하게 개최하는 것은 비용도 많이 들고 행사 기획도 해야 하기 때문에 당장 시도하기에 쉬운 수익화 방법은 아니다. 그보다 요즘은 온라인을 통해 진행하는 '웨비나(Web+Seminar)'를 많이 활용한다. 나 역시 이러한 웨비나를 추천한다.

무료 웨비나를 통해 특정 주제를 잡아 특강 형태로 강의를 진행해라. 컨설팅이나 코칭 서비스를 원하는 충성 고객을 유치하기 위한 좋은 전략이 될 수 있다. 이러한 방법은 내가 채널 확장을 설명할 때 언급했던 '고객 거르기 효과'도 가지고 있다. 예비 고객은 무료 웨비나가 일종의 맛보기 서비스로 느껴진다. 그렇기 때문에 무료로 진행하는 서비스더라도 당신이 제공할 수 있는 가치를 충분히 보여주는 것이 좋다. 간혹 웨비나를 통해 오로지 자신의 유료 서비스를 판매할 목적으로 홍보만 주구장창 하는 사람들도 있다. 이런 방법은 별로 추천하고 싶지 않다. 당연히 웨비나 참가자들의 만족도가 떨어질 것이고 본인의 평판만 낮아지게 되기 때문이다. 참가자들의 시간도 당신의 시간처럼 귀하다는 것을 염두에 두고 콘텐트를 제공해야 한다.

### - 코칭/컨설팅

코칭과 컨설팅은 일대일 또는 그룹 형태로 진행할 수 있다. 개인적으로 코칭과 컨설팅은 강의 서비스를 먼저 제공해본 후 시도하기를 권장한다. 당신이 수익화를 처음 시도하는 단계에 있다면, 아직 고객들의 문제 사례를 충분히 접하지 못한 상태일 가능성이 크다. 코칭과 컨설팅은 고객들이 겪고 있는 주된 문제를 다양하게 접해본 사람이 제공해야 제대로 된 서비스가 가능하다. 그렇지 않으면 단순히 고객의 고민을 들어만 주는 '상담'에서 끝날 확률이 높다.

간혹 코칭과 컨설팅이 어떤 차이가 있는지 묻는 사람들도 있다. 코칭은 고객이 이미 가지고 있는 해답을 깨닫도록 지도하는 거라면, 컨설팅은 고객이 가진 문제에 대해 솔루션을 직접 제공하는 형태라고 이야기할 수 있다. 때문에 코칭은 필연적으로 고객에게 많은 질문을 던지며 고객이 스스로 답을 찾아가도록 유도한다. 반면에 컨설팅은 고객이 처한 상황을 바탕으로 최적의 답을 제시하고 경우에 따라선 행동 계획까지도 제공한다.

코칭/컨설팅은 이처럼 소규모면서도 고급 서비스이기 때문에 비용이 높을 수밖에 없다. 높은 가격을 받을 수 있다는 이유만으로 바로 코칭과 컨설팅 서비스를 제공하려 하지 마라. 어설픈 서비스는 당신의 비즈니스를 병들게 한다. 강의를 통해 충분한 고객 사례를 접하고 다른 사람들의 문제를 해결해주며 지식을 최대한 늘린 후에 서비스화하기를 당부한다.

- 전자문서

전자문서는 디지털 파일 형태로 만들어진 소책자다. PDF 형식으로 저장하여 판매하는 것이 가장 많이 사용되고 있는 방법이다. 지식이나 노하우를 핵심만 추리고 정리해서 문서로 만든 것이기 때문에 자료의 분량보다는 그 안에 담긴 정보의 가치가 더 중요하다. 심지어 10페이지도 안 되는 전자문서를 수백 개씩 판매하는 지식사업가들도 존재한다.

전자문서는 의미를 확장하면 정보를 담은 문서뿐만 아니라 업무에 도움을 주는 디지털 파일 전체를 포함할 수 있다. '자영업자들이 간편하게 세금신고를 할 수 있도록 돕는 엑셀 양식'이라든지 '기획서를 쉽게 만들 수 있는 파워포인트 양식' 같은 것들도 유료로 거래가 된다. 무엇이든 자신이 공유해온 정보와 관련 있는 문서 중 판매할만한 게 있는지 고민해봐라.

전자문서 판매는 완전한 자동화가 가능하다. 그렇기 때문에 내가 특히 선호하는 수익화 방법이다. 한번 만들어 놓은 문서자료로 일하지 않고 수익을 창출할 수 있다. 당신이 지식 사업가라면 반드시 시도할 것을 권하고 싶다.

전자문서를 마케팅에 써먹는 사례도 있다. 앞에서 소개한 무료 웨비나처럼 강의나 행사를 기획할 때 전자문서를 무료로 배포해서 고객을 유치하는 용도로 사용하는 것이다. 이때는 전자문서 안에 제작자의 정보를 담아 사람들이 자신의 채널로 올 수 있도록 유도하는 방법을 사용한다. 이 역시 전자문서에 담긴 정보가 좋다고 판단한 사람들만 유입될 것이기 때문에 당신이 판매하는 다른 서비스들을 구매할 확률이 높다.


– 종이 책 출판

직전에 소개한 전자문서와 비교할 때 종이책은 제작에 훨씬 큰 노력이 들어간다. 가치 있는 정보를 담아야 함은 물론 분량에 대해서도 무시할 수 없다. 나아가 출판사와의 협의도 이뤄져야 하므로 바로 시도하기에는 난도가 높다. 수익성 면에서도 인세 수익 자체만으로 큰 수입을 얻는 건 쉽지 않다.

그러나 종이책 출판은 브랜딩의 관점에서 강력한 무기가 된다. 자신의 콘텐트 주제와 관련해서 큰 신뢰를 구축할 수 있다. 이는 본인의 다른 서비스 판매가 수월해지는 결과를 가져온다. 당신이 강의와 코칭 서비스를 메인 비즈니스로 하고자 한다면 책 출판에 반드시 한 번은 도전하길 추천한다. 책을 출판해본 전문가와 그렇지 않은 전문가의 강의료는 큰 차이가 난다. 강연 시장에서의 선호도 또한 크게 차이 난다. 이처럼 종이 책 출판은 수익화 도구임과 동시에 강력한 브랜딩의 도구다.

- 유료 모임 운영

같은 목표를 가진 사람들을 모아 시너지를 내도록 도와주는 것만으로 돈을 버는 방법도 있다. 바로 유료 모임을 운영하는 것이다. 무료 모임도 넘쳐나는 이 시대에 유료 모임이 이뤄질 수 있는 이유가 무엇일까? 이 역시 지식과 경험의 유료화에 키가 있다.

유료 모임이 성립하기 위해서는 모임의 장이 될 당신의 역할이 중요하다. 당신은 모임의 장으로서 참여자들이 목표하는 바를 달성할 수 있도록 방향을 제시해주고 지속적으로 관리해줘야 한다. 모임에 참여하는 사람들은 당신이 가지고 있는 지식과 경험을 얻고 싶어한다. 그때그때 필요한 정보를 제시할 수 있는 능력이 있음을 보여주고 지불하는 금액 이상의 가치를 느낄 수 있도록 서비스를 제공해야 한다.

유료 모임을 효과적으로 운영하기 위해서는 기간별로 참여자들에게 미션을 제공하는 것이 좋다. 사람은 아무리 확고한 목표가 있어도, 혼자 계속해서 목표를 향해 달려가기란 쉽지 않다. 과제를 내주고 과제 결과물에서 잘못된 부분에 대해 확실한 피드백을 제공해라. 해당 모임이 아니었다면 시행착오로 허비했을 시간을 떠올릴 수 있도록 정성 들여 서비스를 제공하면 고객들은 유료 모임에 참여한 것을 만족할 것이다.

유료 모임의 장점은 기간을 정해놓고 운영하면서 지속적인 재구매를 일으킬 수 있다는 점이다. 1개월, 3개월 등 기간을 정해 모임을 운영하고 기간이 끝나면 다음 기수를 모집하는 것이 좋다. 당신의 모임 운영이 마음에 들었다면 고객들은 높은 비율로 다음 기수에도 참여할 것이다. 유료 모임은 인원이 많아질수록 강의나 컨설팅 등 파생적인 서비스를 제공할 수 있는 또 하나의 커뮤니티로 발전할 수 있기 때문에 아주 좋은 수익화 도구이다.

### ▶제품판매

당신의 채널에 사람들이 제법 모였다면, 그들이 공통적으로 관심을 보이는 제품을 유통하는 방식으로 수익을 창출할 수도 있다. 당신의 타깃이 가지고 있는 문제의 해결책이 될 수 있는 제품들을 찾아라. 그것은 아래와 같은 방법으로 판매하여 수익화를 시도할 수 있다.

- 위탁판매

위탁판매는 제품 제조자 또는 수입/도매업자 대신 판매와 관련된 업무만 해주는 유통 방식이라고 이해하면 쉽다. 이 방식은 당신이 직접 제품의 재고를 떠안는 부담을 갖지 않아도 된다. 그러므로 1인 비즈니스로도 효율적으로 시도할 수 있는 수익화 방법이다.

일반적으로 위탁판매 업무의 범위는 고객에게 주문을 받아 제조사 또는 수입/도매업자에게 주문을 넘겨주는 것까지다. 그 이후 제품의 배송, 재고 관리 등은 관여하지 않아도 되기 때문에 혼자서도 언제 어디서나 서비스할 수 있다. 단 소비자와의 접점은 위탁판매 사업자에게 있으므로 CS 처리 등 고객 응대는 위탁판매 사업자가 하는 것이 일반적이다. 그래서 배송이나 재고에 문제가 없는 파트너 업체를 잘 골라야 한다. 배송에 문제가 생겨도 고객은 위탁판매자에게 책임을 물을 수 있다. 이는 당연히 신뢰도의 하락으로 이어지고 기존 채널에서 모은 고객을 잃게 될 수도 있다.

위탁판매를 진행하고자 한다면 먼저 당신의 콘텐트 주제와 관련성이 높은 제품이 무엇이 있는지 파악해서 판매 물품을 선정해야 한다. 다음으로 그것을 제조하거나 수입/도매하고 있는 사업자를 찾아 컨택한다. 이 과정에서 당신이 시도해 볼법한 방법 몇 가지를 소개하겠다.

첫 번째는 B2B 판매 플랫폼을 이용하는 방법이다. 요즘에는 도매업자와 소매업자를 연결해주는 온라인 B2B 플랫폼이 많이 생겼다. 대표적으로 '도매매', '오너클랜' 같은 사이트가 있다. 온라인 B2B 플랫폼은 사업자 등록번호가 있다면 손쉽게 가입할 수 있다. 이곳에서는 당신이 판매하고자 하는 제품을 찾아 바로 판매를 진행할 수 있다. 회원가입만 하면 온라인 쇼핑하듯이 제품들을 주문할 수 있다. 1인 비즈니스 사업가도 쉽게 시작할 수 있는 장점이 있다. 그러나 나에게 쉬우면 남들에게도 쉬운 법이다. B2B 판매 플랫폼을 통해 구할 수 있는 제품들은 이미 소매 판매자가 많이 엮여 있다. 그러므로 치열한 경쟁을 해야 할 확률이 높다는 단점이 있다.

두 번째는 해당 제품의 카테고리 명에 '도매'를 붙여 검색하는 방법이다. 예를 들어 당신의 콘텐츠 주제가 애견 훈련이고, 위탁판매하고자 하는 제품이 애견 훈련과 관련된 제품이라면 구글에 '애견용품 도매'를 검색해서 나오는 도매처를 찾아 위탁판매 문의를 하면 된다. 그러나 이렇게 검색을 통해 나오는 도매처 역시 다른 경쟁자들도 쉽게 접근할 수 있기 때문에 판매 경쟁이 치열할 수 있다는 단점이 있다.

세 번째 방식은 판매하고자 하는 제품을 구체적으로 정해 제조사나 수입사에 직접 문의를 하는 방법이다. 당신이 판매하고자 하는 제품을 직접 구매한 뒤 상자나 제품에 적혀 있는 제조사 정보를 바탕으로 직접 연락을 취한다. 아마 처음에는 당신이 판매 경험이 없고 구축해놓은 판매 웹사이트도 없으므로 협상이 쉽지는 않을 것이다. 그러나 당신의 온라인 채널에 인포디언스가 많이 모여 있다면 이 과정은 한층 수월해진다. 당신이 다루는 콘텐트 주제와 관련도가 높은 제품을 판매해야 하는 이유가 여기에 있다. 채널의 주제와 관련도 높은 제품을 제조하는 업체와 협상한다면 그렇지 않은 업체와 협상할 때보다 훨씬 수월할 것이다. 비즈니스의 기본 중 하나인 '기브&테이크'가 성립하는 것이다. 당신은 위탁판매를 해서 수익을 올리고, 제조업체는 홍보 효과와 판매창구를 늘리는 효과를 볼 수 있다.

- 공동구매

당신이 고객들에게 조금 더 할인 혜택을 주고 제조업체와 가격 측면에서 원활한 협상을 하고자 한다면 공동구매를 생각해보는 것이 좋다. 당신의 채널에 모인 인포디언스들이 좋은 조건에 관심 제품을 구매할 수 있게 도와주는 것이다. 공동구매를 진행하는 경우 당신이 제조업체를 대상으로 구매력을 행사할 수 있게 된다. 따라서 협상을 진행하기가 위탁판매보다 조금 더 수월하다.

제조업체에 연락을 취할 때 그들에게 먼저 공동구매 진행을 제안하고 목표 인원을 협의해보기 바란다. 이때 깔끔하게 제안서를 만들어 이메일을 통해 전달해도 좋다. 이메일만 보내면 읽지 않을 가능성이 있으므로 유선으로 연락하고 제안서를 이메일로 보내겠다고 하여 당신이 구축한 채널에 대해 어필하도록 한다.

공동구매가 성공적으로 이뤄지면 당신과 고객 모두에게 윈-윈이 되는 거래가 될 수 있다. 고객은 원하던 물건을 시중보다 저렴한 가격에 살 수 있고, 당신은 향후 유통사업을 할 때 도움이 될 거래처를 확보하면서도 중간에서 작게라도 이익까지 얻을 수 있기 때문이다.

## ▶마케팅

마케팅에서 빼놓을 수 없는 중요한 개념이 있다. 바로 타게팅이다. 기업에선 그들의 물건에 관심이 있을 만한 집단을 정확하게 골라 홍보하는 것이 더 효율적이다. 타게팅은 비용 측면에서나 홍보효과 측면에서나 기업에게 좋은 선택이다. 우리 채널에 모인 사람들이 공통적으로 관심을 가질 만한 제품이나 서비스를 만드는 기업으로선 우리 채널이 홍보의 장으로써 매력적일 수밖에 없다. 그럼 마케팅 활동을 통해 당신의 채널에서 수익을 만들 수 있는 두 가지 방법을 알아보자.

- 제휴마케팅

제휴마케팅은 기업의 제품이나 서비스를 홍보해줌으로써 제품의 판매를 증가시키고 그 대가로 수수료를 받는 수익화 방법이다. 앞서 살펴본 위탁판매는 엄연히 소매업이기 때문에 온라인상에 창구를 만들고 고객 응대도 직접 해야 하는 번거로움이 있다. 그러나 제휴마케팅은 창구도 필요 없다. 그냥 기업으로부터 제품 또는 서비스의 전용 구매 링크만 받은 후에 내가 원하는 곳에 해당 링크를 공유해서 판매를 만들어내면 된다. 물론 일반적으로 위탁판매보다 이익률은 적지만 그만큼 신경 쓸 부분도 적다는 점이 장점이다.

흔히 제휴마케팅을 이야기하면 '아마존 어필리에이트'나 '쿠팡 파트너스' 같은 대기업의 서비스만 떠올린다. 하지만 우리가 온라인 채널을 가지고 있다면 시도할 방법은 생각보다 많다. 제조사에 위탁판매와 공동구매를 제안하듯이 제휴마케팅도 충분히 제안할 수 있다. 제품을 홍보해서 판매해주는 대신 판매액에 대해 일정 퍼센티지 수수료를 협의하는 것이다. 기업으로선 당신의 채널 안에 자신들의 타깃 고객들이 충분히 모여 있다고 판단되면 제안을 받아들일 가능성이 크다. 이처럼 다른 사람들과 경쟁해야 하는 제휴마케팅이 아니라 당신만의 제휴마케팅 협력사를 만드는 것이 훨씬 효율적임을 잊지 마라.

이때 당신이 진정으로 채널에 모인 인포디언스들을 위한다면 그들을 위한 혜택을 함께 협의하길 바란다. 당신을 추천인으로 등록해서 제품을 구매했을 때 할인을 제공하거나 포인트를 추가로 적립해주는 등 부가적인 혜택을 계약에 추가하는 것이다. 이를 통해 당신도 더 많은 판매를 유도할 수 있고, 고객도 개인적으로 구매할 때보다 훨씬 좋은 조건으로 거래를 할 수 있게 된다. 나는 콘텐츠를 통해 영향력 있는 비즈니스를 하려면 이처럼 항상 자신과 인포디언스에게 모두 이익이 되는 거래를 추구해야 한다고 생각한다.

- 커뮤니티 광고

커뮤니티 광고는 특별한 게 아니다. 당신이 가지고 있는 채널을 광고판으로 활용하는 것이다. 강남대로에서 멈춰선 채 주위를 둘러보면 건물 벽면에 있는 다양한 옥외광고판들을 볼 수가 있다. 이는 온라인에서도 흔히 볼 수 있는 광경이다. 당장 회원 수가 꽤 많은 온라인 카페 몇 곳에 들어가 보기 바란다. 아마 수많은 배너 광고판을 쉽게 볼 수 있을 것이다. 이러한 커뮤니티 광고 역시 온라인 1인 비즈니스 사업가의 수익 창구가 된다.

플랫폼별로 당신이 시도할 수 있는 커뮤니티 광고 형태는 다양하다. 유튜브에 채널을 갖고 있다면 제품이나 서비스를 영상으로 소개해주는 '브랜디드 콘텐트'를 만들 수 있다. 블로그를 운영한다면 제품이나 서비스에 대한 광고성 글을 작성하는 형태로 커뮤니티 광고를 진행하게 될 것이다. 당신이 각 플랫폼에 어느 정도 규모 있는 채널을 구축했다면 기업으로부터 먼저 제안을 받고 앞서 말한 광고들을 진행할 수 있다.

그러나 커뮤니티 광고 역시 당신이 기업 측에 먼저 제안할 수도 있다. 이때는 크게 두 가지 형태의 거래제안이 가능하다. 하나는 기간을 정해두고 원하는 광고를 당신의 채널에 달아주는 것이고, 다른 하나는 스폰서쉽 계약을 맺는 것이다. 전자는 단순히 기업이 원하는 광고를 당신의 채널 또는 콘텐트 안에 삽입하는 것에 그친다. 그러나 스폰서쉽은 채널과 콘텐트뿐만 아니라 당신 자체도 홍보의 매개체가 된다. 말 그대로 '홍보대사'가 되는 것이다.

서구권에서는 콘텐트 사업자들이 스폰서쉽 형태로 기업과 계약을 맺는 사례를 쉽게 찾아볼 수 있다. 아직 국내에서는 완전히 익숙한 형태는 아니다. 하지만 관심 분야에 전문성을 갖추고 소비자와 가깝게 소통하는 영향력 있는 소셜 미디어 크리에이터인 '마이크로 인플루언서'들의 영향력이 점차 커지는 상황에서 스폰서쉽 형태의 수익화는 향후 유망한 영역이라고 생각한다.


지금까지 우리가 온라인상에 충분한 인포디언스를 모았을 때 시도할 수 있는 여러 가지 수익화 방법들을 간단하게 살펴봤다. 이번 장을 보면서 당신은 하나의 채널만으로도 몇 가지 수익을 동시에 만들 수 있다는 사실을 알 수 있을 것이다. 앞서 소개한 수익화 방법들을 잘 연결한다면, 다양한 방법들이 서로 시너지를 내며 큰 수익을 만들 수 있다. 물론 처음부터 시작하려면 막막할 수 있다. 그래서 시작을 돕기 위해 다음과 같은 도표를 만들었다. 아래의 도표를 작성하며 당신의 수익화 아이디어를 넓혀가길 바란다.

Q. 당신이 채널을 구축한다면 가장 먼저 시도하고 싶은 수익화 방법은 무엇인가?

Q. 해당 수익화 방법을 가장 먼저 시도하고 싶은 이유는 무엇인가?

Q. 해당 수익화 방법이 완성되면 다음으로 어떤 수익화 방법을 시도하는 것이 효과적이라고 생각하는가?

Q. 두 번째 수익화 방법이 수익을 늘리는 데 효과적이라고 생각한 이유는 무엇인가?

# 콘텐트 수입을 늘리는
# 네 가지 전략

앞서 우리는 채널을 이용해서 수익을 창출하는 방법을 알아봤다. 이번에는 앞서 설명한 콘텐트 수익창출 방법을 기초로 당신의 상품을 포장하고 판매하는 전략에 대해 알아보자. 지금부터 당신은 지식 콘텐트를 어떤 식으로 상품화하는 것이 좋을지, 어떤 경로를 통해 판매하는 것이 좋을지, 어떻게 고객으로부터 결제를 끌어낼 수 있을지에 관한 아이디어들을 얻게 될 것이다.

### ▶ 유형과 무형의 상품을 조합해라!

지식 콘텐트 판매는 눈에 보이지 않는 것을 판매하는 영역이다. 사람들은 대체로 무형의 서비스에 선뜻 돈을 쓰지 않는다. 또 서비스를 받고 나서는 남는 게 눈에 보이지 않아 만족도가 떨어진다는 말도 한다. 이처럼 무형의 상품을 판매할 때 겪게 되는 한계점을 보완하기 위해 지식 콘텐트를 상품화할 때는 유형과 무형의 상품을 조합하는 방법을 사용하는 것을 추천한다.

사람에게는 무언가를 소장하고자 하는 욕구가 있다. 컨설팅만 제공하고 서비스가 끝나버리면 손에 쥐어지는 소장품이 없으므로 소장하고자 하는 욕구를 채워주지 못해 소비자 만족도가 떨어질 수밖에 없다. 당신이 컨설팅 서비스를 제공한다면 해당 서비스와 관련된 워크북을 제작해서 컨설팅 서비스와 함께 묶어서 판매해라. 워크북은 컨설팅 서비스 후에도 결과물로 남아 고객에게 만족스러운 소장품이 된다.

단순히 워크북뿐만 아니라 다양한 유형의 제품과 조합이 가능하다. 컨설팅 녹화 영상 그리고 체크리스트 전자문서 등 다양한 유형의 상품을 컨설팅과 함께 제공하기를 권하고 싶다. 이러한 유형의 제품은 고객이 스스로 자신의 문제를 해결해볼 수 있도록 내용을 구성하는 것이 좋다.

또한 모객을 하는 데도 용이하다. 우선 맛보기로 유형의 제품을 구매한 사람들은 자신의 문제가 충분히 해결되지 않을 경우, 당신에게 컨설팅을 의뢰하게 된다. 유형의 제품을 시작으로 무형의 컨설팅까지 고객을 끌어들인 셈이다.

컨설팅을 제공하는 동안 오프라인의 경우 녹취록, 온라인의 경우 화면 녹화본을 만들어 컨설팅 서비스 후에 제공한다. 이와 더불어 컨설팅이 끝난 후에도 고객 스스로 자신의 문제해결 상황을 확인해볼 수 있는 체크리스트 소책자 또는 전자문서를 제공해서 소장품을 만들어준다.

정리하자면 유형과 무형의 제품을 조합해서 고객에게 소장품을 만들어주라는 것이다. 이 방법이 지금은 별 것 아닌 듯 느껴질 수도 있다. 하지만 당신이 만약 수익화 단계에서 이 전략을 활용한다면 그 효과가 생각보다 뛰어나다는 사실을 깊게 느끼게 될 것이다. 무형의 제품만 판매할 때보다 판매가 늘어나는 것은 물론이고, 고객들의 만족도도 눈에 띄게 좋아질 것이다.

### ▶ 플랫폼에 올라타서 팔아라!

플랫폼은 본래 기차를 타고 내리는 승강장을 의미한다. 승강장에는 기차를 타고 내리는 사람들로 늘 북적이기 때문에 자판기, 매점, 옥외광고판 등 다양한 부가 서비스들이 존재한다. 사람들이 많이 모이는 장소에 자연스럽게 비즈니스가 형성된 것이다.

당신의 채널이 확실하게 자리를 잡기 전에는 이미 사람들이 많이 모인 플랫폼에 편승하여 수익화를 시도하는 것도 좋은 방법이다. 온라인상에는 이미 당신이 지식 콘텐트를 바탕으로 서비스를 제공할 수 있도록 만들어진 '장터'가 많다. 예를 들면 '크몽'이란 플랫폼은 다양한 프리랜서와 의뢰자를 연결해준다. 만약 당신이 수익화의 모든 프로세스를 스스로 처리하고자 한다면, 서비스 구상부터 결제처리까지 전 영역을 신경 써야 한다. 그러나 이미 구축된 '크몽'과 같은 플랫폼에서 수익화를 시작할 때는 서비스에만 집중하면된다.

플랫폼을 이용하면 채널 홍보 면에서도 유리한 점이 있다. 기존에는 당신을 모르던 사람들도 플랫폼을 통해 당신의 서비스를 살펴보게 된다. 그들 중 일부는 당신의 서비스를 받은 후 당신의 채널까지 유입돼서 당신의 콘텐트를 소비하는 새로운 인포디언스가 될 것이다. 플랫폼상에서 하는 서비스 제공은 이처럼 판매 활동이자 당신의 채널 성장에도 도움이 되는 활동이다.

그러므로 플랫폼 수수료를 너무 아까워할 필요가 없다. 나는 플랫폼을 운영하는 주체들이 막대한 인건비와 제반 비용을 부담하며 20% 정도의 수수료를 받는 것이 과도하다고 생각하지 않는다. 그것은 자본주의에서 당연하게 이뤄지는 그들 나름의 경제활동이다. 우리는 수수료를 낸 만큼 효과를 거두면 그만이다. 플랫폼에 편승해서 인지도를 올리고 궁극적으로는 당신의 인포디언스를 충분하게 모아 자체적으로 많은 판매를 일으키는 힘을 길러라.

## ▶채널도 분업이 필요하다!

'찍새'와 '딱새'라는 말을 아는가? 둘은 구둣방에서 나온 말로 찍새는 구두를 수거하는 사람을 딱새는 구두를 닦는 사람을 뜻하는 은어다. 직장인들이 회사에 출근해서 자리에 앉으면 찍새는 회사의 각 부서를 돌며 구두를 수거해온다. 이를 구두를 '찍어온다'라고 표현해서 찍새라고 한다. 찍새가 구두를 수거해오면 딱새는 구두에 광을 내고 닦는 작업을 한다. 이들은 완벽하게 분업화를 진행해서 자신들이 잘하는 것에만 집중한다. 갑자기 왜 찍새와 딱새 이야기를 하는지 궁금한가?

나는 내 채널을 찍새 역할과 딱새 역할로 나눠서 판매 경로를 구축했다. 우리가 구축하려는 온라인 채널들 역시 분업이 필요하다. 무료로 좋은 정보를 제공하며 사람을 모으는 채널이 있는가 하면 그렇게 모인 사람 중 진짜 고객을 걸러 판매를 유도하는 채널은 따로 존재해야 한다. 무료로 정보를 주던 채널에서 판매까지 하면 사람들은 거부감을 느낀다. '결국은 돈 벌려고 그랬던 거야?' 하는 반응을 보일 것이다. 그런 이유로 사람을 모으는 채널에서 관심도가 높은 고객들만 따로 추려내서 판매를 진행해야 한다.

채널 간 역할이 분리돼야 하는 이유는 그뿐만이 아니다. 각 플랫폼은 저마다 다른 성격을 띠고 있다. 어떤 플랫폼은 모객에 좀 더 유리하고 어떤 플랫폼은 직접 판매를 유도하기에 유리하다. 그래서 이러한 플랫폼의 특성을 활용하여 찍새 역할의 채널과 딱새 역할의 채널을 나누어 구축하는 것이 훨씬 효율적이다.

나는 수익화 초기에 유튜브를 사람을 모으는 채널로 설정하고 블로그를 판매용 채널로 운용했다. 각각 그 용도를 나눠 판매 경로를 구축한 것이다. 유튜브는 광범위한 타깃에게 콘텐트가 도달하기 때문에 모객에 유리하다. 그러나 다수가 유입되는 만큼 관심도가 낮은 고객들까지 모이는 단점이 있다. 그래서 유튜브로 모집한 사람들을 대상으로 그곳에서 바로 서비스를 판매하면 채널 자체가 위기에 처한다.

여기서 당신이 기억해야 할 사실이 있다. 당신이 문제를 해결해 줄 수 있는 진짜 타깃 고객이 아닌 사람들은 당신이 돈 버는 것을 그다지 좋아하지 않는다. 그들을 배 아프게 만들면 그들은 우리 채널에 해를 가하기 시작한다. 어찌 보면 질투는 인간의 본성 중 하나다. 질투를 유발하는 행동은 비즈니스에 전혀 도움이 되지 않는다. 관심도가 낮은 고객은 과감하게 포기하고 거르는 편이 좋다.

우선 유튜브를 모객용 채널로 만든 이유를 살펴봤다. 그렇다면 왜 나는 블로그를 판매용 채널로 선택했을까? 나는 글을 통해 상품에 대한 상세한 내용을 전달하는 것이 효과적이라고 생각했기에 블로그를 판매 역할 채널로 활용했다. 애초에 블로그를 사람을 모으는 용도로 생각하지 않았기에 검색 유입을 위한 키워드 작업을 하지 않았다. 그냥 유튜브로 들어온 인포디언스들 중 관심도가 높은 진성 고객만 걸러내는 게 내가 블로그에 기대한 역할이었다. 그러나 시간이 지나면서 점점 경계가 모호해지기 시작했다. 유튜브를 통한 유입이 늘어나면서 블로그 역시도 이웃수가 많아졌다. 어느 순간 둘 다 사람을 모으는 역할을 하는 채널이 돼버렸다. 이처럼 내가 초기에 설정한 채널의 목적이 시간이 흐르면서 바뀌는 일도 있다. 이럴 때는 과감하게 새로운 판매 채널을 개설하는 것도 하나의 방법이다. 앞서 말한 대로 성격이 섞이면 그만큼 질투를 하는 고객이 생기기 때문이다. 그래서 현재는 판매 전용 웹사이트를 만들어 그곳에서 제품판매를 하고 있다.

주의할 점은 내가 부여했던 채널의 성격이 절대적이지 않다는 점이다. 누군가는 블로그로 사람을 모으고 유튜브에서 판매를 일으킬 수도 있다. 중요한 것은 어떤 구조가 됐든 사람을 모으는 채널과 직접적으로 판매를 만드는 채널을 분리하는 것이 좋다는 점이다. 이렇게 하면 당신의 채널이 당신을 질투하는 안티팬으로부터 공격받을 일도 없고, 당신의 평판이 낮아질 위험도 훨씬 줄어든다. 다시 강조하지만 진성 고객을 확보하고 그렇지 않은 고객을 걸러라. 당신의 서비스를 이해할 수 있는 사람에게만 서비스를 제공해도 충분하다.

### ▶ 공짜로 팔고, 싸게 팔고, 비싸게 팔아라!

거르고 걸러 고객들을 유입시켰는데 좀처럼 제품이 판매되질 않는다. 도대체 왜 그럴까? 고객들이 선뜻 당신의 제품을 구매하지 않는 대표적인 세 가지 이유를 꼽아보면 다음과 같다.

첫째, 어떤 고객은 자신들이 정확하게 어떤 문제를 겪고 있는지 모른다.
둘째, 어떤 고객은 자신들의 문제를 당신이 해결해줄 수 있다는 사실을 모른다.
셋째, 어떤 고객은 당신의 해결책이 자신에게도 효과가 있을지 믿지 못한다.

고객들은 자신들이 잘못된 구매 의사결정을 할지도 모른다는 걱정을 항상 가지고 있다. 이 부분을 해소해주지 못하면 판매는 꿈에 불과하다. 이런 문제를 부분적으로 해소하는 방법은 서비스 판매를 위한 소개페이지에 충분한 고객 후기를 제시하는 것이다. 후기는 강력한 사회적 증거로 작용한다. 구매 결정을 고민하는 고객들이 크게 의존하게 되는 정보이기도 하다. 당신의 서비스를 받고 만족한 다른 고객들의 이야기를 충분히 들려줘라. 그렇게 사회적 증거를 충분히 제시하면 고객은 당신으로부터 해결책을 구매할 것이다.

그러나 당신이 처음 수익화를 시도하고 있고, 후기가 아직 하나도 없다면 어떻게 해야 할까? 이 문제를 해결하는 가장 간단한 방법은 무료로 서비스를 제공하는 것이다. 강의, 전자문서, 웨비나 등을 무료로 제공하라고 이야기한 이유가 여기에 있다. 유료 서비스에 버금가는 무료 서비스를 1회 제공해라. 무료 서비스를 활용해서 당신이 고객의 문제점을 해결해줄 수 있다는 믿음을 제공하면 앞서 말한 판매가 일어나지 않는 세 가지 이유를 모두 해결할 수 있다. 고객의 문제를 인지시키고 어떻게 해결될 수 있는지 청사진을 제시해주는 일회성 서비스를 제공하면서 당신의 유료 서비스를 넌지시 제시하는 것이다. 이 과정이 제대로 진행된다면 당신은 충분한 유료 고객들을 확보할 수 있다.

유료 고객을 확보하고 나면 우선은 저렴하게 팔아라. 당신의 서비스는 아직 완벽하지 않다. 그 사실을 겸허히 인정하고 저렴하게 서비스를 제공함과 동시에 지속해서 서비스를 개선해나가야 한다. 처음부터 수요에 너무 집착할 필요는 없다. 당신이 제공하는 상품이 완벽해질수록 수요는 덩달아 늘어난다. 가격 인상은 수요 증가에 따라 이뤄져도 늦지 않다. 상품 개선에 집중하고 판매 경로만 잘 구축해둔다면 한 달 동안 한 명의 고객을 만나기도 어려웠던 상황에서 어느 순간 들어오는 서비스 요청을 모두 받는 것이 어려운 상황까지 수요가 증가할 것이다. 가격은 그때 올려도 된다.

돈 욕심에 눈이 멀어 어설픈 상품으로 고가전략을 펼치지 마라. 제공하는 서비스에 대한 개선보다는 현혹하는 설득 기법 배우기에 혈안이 된 사람들이 특히 이런 실수를 저지른다. 혹시 사람들이 많이 찾는 관광지에 있는 음식점에 가본 적이 있는가? 서비스가 좋았는가? 대부분 아니라고 답할 것이다. 보통 사람들이 북적이는 관광지의 음식점에서 제대로 된 서비스를 기대하기는 어렵다. 가게 안은 북적이고 장사는 잘 되지만 고객들의 만족도는 바닥이다. 이런 음식점을 찾은 고객들은 재방문 의사가 없다. 단골 장사가 아니기에 가게의 입장에서도 재방문을 중요하게 생각하지 않는다. 그저 위치를 강점으로 버티고 있는 경우가 태반이다.

당신이 온라인 비즈니스를 할 때는 이런 식으로 영업을 하면 안된다. 지식 콘텐츠 기반 사업을 하면서도 관광지 음식점처럼 영업하는 이들이 있다. 어수룩한 고객들을 현혹해서 고가로 서비스를 팔아먹고는 모른 척한다. 그리고는 계속해서 새로운 고객들을 발굴하러 간다. 이런 사업이 오래갈 수 있을까? 요즘에는 온라인을 통해 어떤 상품이든 원하면 빠르게 살 수가 있다. 어떤 상품을 파느냐보다는 누가 파느냐가 중요하다. 온라인 비즈니스를 하고자 한다면 자신의 가치를 스스로 갉아먹는 행동은 지양하길 바란다.

# 콘텐트 자판기 만들기

'자동화'는 단순히 '일로부터의 해방'을 의미하지 않는다. 그보다는 우리 능력이 발전함에 따라 더 가치 있는 일에 시간을 사용할 수 있도록 '안정화된 수익화 도구'를 자동화해서 시간을 확보하는 것이 자동화의 참된 의미라고 생각한다. 자동화는 당신의 시간을 효율적으로 쓰는 하나의 방법일 뿐이다. 이 부분을 염두에 두고 지금부터 할 이야기를 들어줬으면 한다.

앞서 나는 '안정화된 수익화 도구'를 자동화해야 한다고 이야기했다. 반드시 안정화된 수익모델이어야 한다. 당장 일을 하기 싫다고 안정되지도 않은 수익화 도구를 자동화하려고 하는 사람들이 많다. 이런 경우 결과적으로 수익화 도구 자체를 잃어버리는 상황이 발생한다. 프로세스가 안정적으로 구축되지 않은 서비스의 섣부른 자동화는 고객 만족도를 떨어뜨리기 때문이다. 서비스 제공이 귀찮고 힘들거나 혹은 돈이 좀 벌린다고 바로 자동화를 시도하지 마라. 상품을 충분하게 갈고 닦아 안정화가 되면 자동화를 도입하기 바란다.

자동화의 방법은 두 가지다. 하나는 위임이고 하나는 시스템이다. 위임은 나를 대신해 일해줄 사람을 찾아 일을 맡기는 것이다. 직원을 뽑든 아웃소싱을 하든 사람으로 자동화를 꾀하는 것이다. 하지만 위임을 통한 자동화는 주기적으로 인건비라는 비용이 발생한다. 인건비는 계속해서 비싸지고 있다. 당연히 위임을 통한 자동화에 드는 비용도 계속해서 늘어날 것이다. 또 인적관리에 대한 리스크와 스트레스도 상당하다. 타인을 내 마음대로 움직이는 일이 쉽지 않다는 것을 누구나 알 것이다.

하지만 시스템을 활용한 자동화는 일단 시스템을 구축해놓으면 비용이 많이 들지 않는다. 당신이 보지 않을 때 농땡이를 피울 리도 없으며 갑자기 그만두겠다고 폭탄선언을 할 가능성도 없다. 물론 현대 사회에서 시스템만으로 자동화하기에는 어려운 부분이 존재한다. 이때는 결국 위임을 통해 자동화를 진행해야 하지만 최대한 많은 부분을 시스템으로 자동화하는 게 좋다. 그러므로 나는 시스템을 통한 자동화를 주로 이야기를 하고자 한다.

시스템은 사업구조 자체를 자동으로 돌아가게 만드는 것이다.

이 과정은 메인 채널, 판매 경로, 최종 판매처가 유기적으로 돌아갈 때 가장 매끄럽게 이뤄진다. 시스템이 구축되고 나면 우리는 메인 채널에 콘텐트만 올려주면 된다. 나머지는 자동으로 돌아간다. 이때는 별도의 돈을 들이지 않아도 돈이 벌린다. 내 사례를 통해 조금 더 자세히 살펴보도록 하자.

나는 완전히 신경을 쓰지 않아도 자동으로 수익이 발생하는 몇 개의 자동화 시스템 경로를 갖고 있다. 그중 형태에 따라 두 가지 예시를 소개하겠다. 하나는 전자문서 판매고 다른 하나는 녹화된 온라인 강의 판매다. 요즘은 디지털 파일 판매가 많아져서 쇼핑몰 솔루션 중에서도 디지털 파일 판매를 지원하는 곳들이 많이 생겨나고 있다. 대표적으로 '아임웹(I'mweb)', '윅스(WIX)' 같은 웹사이트 제작 업체를 통해 전자문서 자동 판매 시스템을 쉽게 구축할 수 있다. 이들이 제공하는 솔루션을 활용하면 상품 관리 페이지에서 전자문서를 상품으로 간단하게 등록할 수 있다. 이를 통해 어렵지 않게 자동 판매 시스템 구축이 가능하다.

거래가 성사되는 과정은 다음과 같다. 고객이 내 웹사이트에서 관심 있는 전자문서를 주문하면 그 즉시 결제 요청 문자메시지가 고객에게 전송된다. 이때 고객은 자신이 원하는 결제 방식을 선택할 수 있다. 이후 고객이 결제를 완료하면 이번에는 결제확인 문자가 발송되고 고객은 웹사이트에서 전자문서를 내려받을 수 있게 된다.

이 전체 과정에서 내가 직접 관여하는 부분은 없다. 시스템이 알아서 모든 일 처리를 대신 해준다. 내가 하는 일은 통장에 돈이 얼마나 들어왔나 확인하는 일이 전부다.

녹화된 온라인 강의 판매는 플랫폼에 편승해서 판매를 진행하고 있다. '직장인 부수입 월 100만 원 만들기'를 주제로 하는 이 강의로 나는 제작 이후 거의 관여하는 것 없이 매월 판매 금액만 정산받는다. 유일하게 내가 하는 일은 수강생의 질문이 달렸을 때 그것에 답변을 해주는 일이다. 이 경우에도 나에게 메시지로 알림이 오기 때문에 매일같이 일일이 확인할 필요는 없다. 이런 질의응답 활동도 위임을 통해 완전하게 자동화할 수 있겠지만 내 강의를 수강하는 고객들에 대한 예의가 아니라고 생각해서 답변은 직접하고 있다.

물론 플랫폼에 편승하지 않고 녹화 강의 판매를 자동화하는 방법도 있다. 전자문서 판매와 동일하게 결제한 사람만 녹화 강의 영상을 내려받을 수 있도록 하는 시스템을 도입하면 가장 좋다. 동영상 솔루션 '비메오(Vimeo)'처럼 비밀번호를 입력한 사람만 영상을 볼 수 있도록 비공개 업로드가 가능한 사이트를 이용할 수도 있다. 영상을 등록해두고 결제한 고객에게 영상 링크와 비밀번호가 담긴 전자문서를 내려받게 하는 방식을 사용하는 것이다. 이 경우 전자문서 판매와 동일한 프로세스로 판매를 진행하면 된다. 다른 방법으로는 권한 제한을 이용하는 방법이 있는데, 이는 완전한 자동화는 아니다. 그렇지만 거의 자동화에 가까운 방법이기 때문에 함께 소개하도록 하겠다. 네이버 카페에서 특정 등급 이상의 사람들만 볼 수 있는 게시판에 강의 영상을 게시한다. 혹은 웹사이트에서 비공개 게시판을 만들어 영상을 올려두고 구매자에게만 열람 권한을 승인해줄 수도 있다. 이 방법은 결제확인 후 우리가 직접 카페 등급을 조정해주거나 비공개 게시판의 접근 권한을 승인하는 절차가 필요하다. 그러므로 완전한 자동화는 아닌 셈이다.

여기까지 살펴보고 나의 자동화 판매 시스템이 최종 판매 단계에만 국한된다고 생각하면 오산이다. 이제부터가 중요하다. 자동화의 핵심은 판매 경로 전체의 시스템화다. 이 말을 보다 이해하기 쉽게 설명하기 위해 고객들이 내 서비스를 구매하는 경로를 살펴보자.

우선 나의 메인 채널인 유튜브 '포리얼' 채널에서는 매일 약 2만 조회수가 발생한다. 이는 기존에 올려둔 영상에서 발생하고 있는 조회수다. 이렇게 영상을 조회한 사람 중 내 정보에 관심이 생긴 사람들은 영상 설명란과 고정댓글에 있는 링크를 통해 내 블로그로 유입된다. 이렇게 유튜브에서 블로그로 유입되는 인원이 하루 평균 400명 정도 된다. 2만의 조회수 중에서 400명 정도가 블로그까지 오는 것이다. 이들 400명은 내 블로그의 콘텐츠를 추가로 소비하다가 일부는 내 웹사이트로 들어간다. 이렇게 웹사이트에 유입되는 인원이 하루 평균 150명 정도 된다. 블로그까지 온 사람 중에 웹사이트로 유입되는 비율은 높은 편이다. 그리고 이들이 내 서비스를 구매한다.

여기에서 내가 판매를 늘리고 싶으면 무엇을 하면 될까? 나는 유튜브에 영상만 새로 올리면 된다. 새로운 유튜브 영상을 통해 유입된 고객들은 블로그를 거쳐 웹사이트로 흘러 들어가 상품을 구매한다. 이것을 경영에서는 '세일즈 퍼널(sales funnel)'이라고 한다. 퍼널(funnel)은 깔때기라는 뜻이다. 즉 세일즈 퍼널은 깔때기처럼 넓게 고객을 유입시킨 후 점차 단계를 거쳐 최종 구매자를 남기는 구조를 의미한다.

이 모든 과정은 유기적으로 매끄럽게 돌아간다. 그야말로 인풋과 아웃풋이 간단한 구조다. 유튜브에 새로 영상을 올리면, 최종 판매가 늘어난다. 명확하고도 간단하지 않은가?

이렇게 판매 경로를 구축하는 것은 문제 파악에도 도움이 된다. 만약 영상을 올려도 내 상품 판매가 많이 발생하지 않는다면 나는 위에서 이야기했던 유입자 수치를 우선적으로 볼 것이다. 유튜브 조회수 자체가 줄어들었다면 조회수를 늘리기 위해 노력하면 된다. 조회수는 그대로이나 블로그로 유입되는 인원이 줄었다면 링크의 위치를 수정하는 등 블로그 유입률을 늘리기 위한 조치를 취한다. 블로그에서 웹사이트로 유입되는 인원이 줄었다면 웹사이트로 유입을 유도하는 장치를 더 설치하면 그만이다. 웹사이트 유입자가 많으나 구매가 일어나지 않는다면 상품의 상세페이지를 수정하는 등의 조치를 하면 된다. 시스템 자동화를 구축하면 문제의 원인이 금방 파악되기 때문에 내 시스템을 고치는 것도 아주 수월하다.

그럼 이제 지금까지 설명한 채널 구축 단계를 정리해보자. 먼저 타깃을 설정하고 적합한 플랫폼을 골라 첫 번째 채널을 구축한다. 첫 번째 채널이 어느 정도 형태를 갖추면 2차 플랫폼을 결정하여 두 번째 채널을 만든다. 첫 번째 채널에는 두 번째 채널로 갈 수 있는 통로를 마련하고 그것을 통해 고객을 거른다. 그다음 두 번째 채널까지 유입된 관심도가 높은 고객을 대상으로 수익화를 진행한다. 수익화가 안정되면 자동화 시스템을 구축한다. 결과적으로 첫 번째 채널 구축부터 일련의 과정들이 모두 연결돼 있다. 내가 구축한 채널이 판매 경로가 되고, 그 판매 경로 전체가 당신을 위해 자동으로 일하게 한다. 이제 전체 프로세스를 한번 살펴보았으니 이해가 안 되는 부분은 다시 돌아가서 반복해서 읽어보기 바란다.

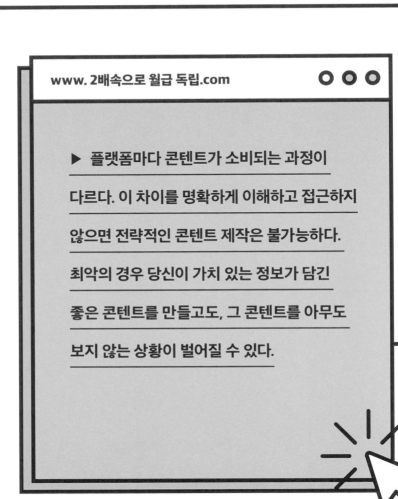

www. 2배속으로 월급 독립.com

▶ 플랫폼마다 콘텐트가 소비되는 과정이

다르다. 이 차이를 명확하게 이해하고 접근하지

않으면 전략적인 콘텐트 제작은 불가능하다.

최악의 경우 당신이 가치 있는 정보가 담긴

좋은 콘텐트를 만들고도, 그 콘텐트를 아무도

보지 않는 상황이 벌어질 수 있다.

PART **4**

# 빠르게
# 채널을 키우는
# 세 가지 전략

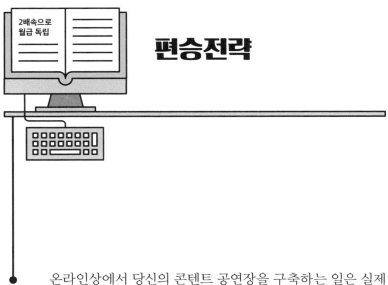

# 편승전략

　　온라인상에서 당신의 콘텐트 공연장을 구축하는 일은 실제 건물을 짓는 것처럼 충분한 시간이 필요하다. 실제로 건축물을 시공할 때 튼튼한 건물을 올리기 위해서는 긴 시간이 필요하지 않은가? 단기간에 금방 지은 건물은 부실공사의 위험이 있다. 하지만 온라인에서 콘텐트 공연장을 지을 때는 부실공사 없이 튼튼한 토대를 마련하면서도 빠르게 목표를 달성할 수 있는 몇 가지 방법이 있다. 지금부터 채널이 자리 잡는 시간을 단축시킬 수 있는 몇 가지 전략을 소개하겠다.

　　당신의 온라인 콘텐트 공연장을 빠르게 올릴 수 있는 첫 번째 방법은 커뮤니티 편승 기법이다. 커뮤니티 편승 기법이란 이미 구축된

다른 사람의 채널에서 콘텐트를 제공하며 활동하는 것이다. 이때는 온라인 카페, 오픈채팅방 등 커뮤니티 성격을 지닌 플랫폼에서 활동하는 것이 좋다. 해당 채널에는 이미 동일한 관심사를 가지고 모여 있는 사람들이 다수 존재한다. 이들을 대상으로 당신이 가진 정보를 충분하게 제공해야 한다. 당신의 콘텐트에 만족하는 사람들이 많아질수록 당신은 그 커뮤니티 안에서 인지도를 얻게 된다. 이렇게 쌓은 인지도를 바탕으로 당신의 채널로 사람들을 유입시키는 것이다.

간혹 본인이 가진 정보를 남의 커뮤니티에서 풀어놓는 것이 해당 커뮤니티 주인에게만 좋은 일을 하는 게 아닌가 생각하는 사람들도 있다. 그러나 이는 편협한 생각이다. 역으로 커뮤니티 주인으로서는 본인이 처음부터 쌓아 올린 채널에서 당신이 고객을 빼앗아가고 있다고 생각할 수 있지 않을까? 그러나 그들은 대부분 그렇게 생각하지 않는다. 정보의 공유가 서로에게 모두 도움이 된다는 사실을 알고 있기 때문이다. 그렇기에 그들은 거대한 커뮤니티를 운영하는 온라인 사업가가 될 수 있던 것이다. 실제로 그들도 어딘가 다른 커뮤니티에서 활동하며 채널을 키워왔을 가능성이 크다.

당신이 이미 구축된 다른 온라인 채널에서 활동적으로 콘텐트를 만들어낸다면 해당 채널의 주인이 당신에게 먼저 수익화와 관련된 제안을 할 수도 있다. 이런 경우 자신의 채널을 통해서 사람을 모아줄 테니 강의를 해달라든지 컨설팅을 해달라든지 하는 제안이 일반적이다. 이는 좋은 기회다. 당신의 서비스에 대한 후기가 구매 잠재력이 높은 고객들 사이에서 빠르게 퍼져나갈 수 있다.

후기가 퍼져나가면 당장 구매하지는 않더라도 서비스에 관심이 생겨 당신을 알아보고자 하는 사람들이 당신의 채널로 방문한다. 그리고 당신이 올려둔 콘텐트를 소비하며 점점 당신의 인포디언스가 된다. 그렇게 그 커뮤니티 회원 중 일부를 당신의 초기 팬으로 만들면 이후에는 초기 팬들이 알아서 당신을 홍보한다. 비용을 많이 들이지 않고 당신의 브랜드를 홍보하는 셈이다.

그러나 남이 먼저 만들어 둔 채널을 활용하여 자신을 홍보할 때 하지 말아야 할 행동이 있다. 바로 본인의 채널을 노골적으로 홍보하는 행위다. 우선은 본인이 가진 정보를 제공하면서 본인 스스로 인지도를 만들어가야 한다. 그런데 이러한 과정 없이 다짜고짜 "제가 이번에 오픈한 블로그입니다. 정보가 많으니 놀러 오세요." 같은 식으로 성의 없는 글을 계속해서 올리는 사람들이 있다. 이런 행동은 콘텐트 비즈니스에 전혀 도움이 되지 않는다. 그런 글을 보고 당신의 채널에 방문할 사람들도 없을뿐더러, 그렇게 행동하는 순간 그 커뮤니티의 주인이 당신을 도와줄 가능성도 순식간에 사라질 것이다.

지식 콘텐트를 통한 온라인 비즈니스 세계는 협력이 중요하다.

다른 채널에서 고객을 빼앗아 오는 것도 아니고 내 고객이 다른 사람들의 콘텐트를 소비한다고 해서 고객을 빼앗기는 것도 아니다. 그러므로 적을 만들지 말고 협업지점을 찾아 적절하게 협업할 수 있는 아이디어들을 먼저 떠올려라. 다른 커뮤니티에 정보를 제공하는 것은 꺼리면서 회원들만 빼내 오겠다는 자세로 접근하면 당신은 절대로 성공할 수 없다.

# 동시 노출 전략

당신의 온라인 채널을 빠르게 키울 수 있는 두 번째 방법은 노출 극대화 전략이다. 노출 극대화 전략이란 당신의 콘텐트와 연관성이 높은 온라인 미디어에 적극적으로 출연하는 것이다. 당신의 콘텐트 주제 안에서 미디어의 형태를 띠고 있는 채널들을 찾아봐라. 활발하게 인터뷰나 취재 형태의 콘텐트를 만드는 채널이 있다면 적극적으로 출연신청을 하도록 한다. 이는 당신의 콘텐트를 관심 있게 볼 수 있는 대상자들에게 당신을 적극적으로 노출하기 위한 전략이다. 이때 우리가 생각할 수 있는 플랫폼은 유튜브, 팟캐스트, 페이스북/인스타그램 라이브, 다른 사람들이 진행하는 웨비나 등이 있다.

이렇게 노출 증대 전략을 구사할 수 있는 적절한 시점은 당신의 채널에 어느 정도 콘텐트가 쌓였을 때다. 당신이 관련 유튜브 채널 다섯 곳에 출연해서 지식과 경험을 아무리 열심히 나누더라도 정작 당신의 채널이 텅텅 비어 있다면 사람들은 당신에게 모이지 않는다. 그러므로 우선 자신의 채널에 기본적인 세팅을 해두고 그다음에 노출을 늘리는 전략을 취하는 것이 좋다. 출연한 콘텐트에서는 당신의 채널에 대해 간접적으로 언급하거나 댓글을 통해 당신의 채널로 이동할 수 있는 통로를 만들어 두는 것이 좋다.

이렇게 노출 증대 전략을 쓸 때는 짧은 시간 동안 여러 미디어에 동시다발로 출연하는 것이 좋다. 당신이 연속해서 몇 군데 콘텐트에 출연하면 사람들은 당연히 당신에 대해 호기심을 가질 수밖에 없다. '아니, 이 사람 도대체 누군데 최근 들어 이렇게 많이 보이지?' 하고 말이다. 당신에게 관심이 없던 사람들도 결국은 당신이 출연한 콘텐트를 보게 되고 그 콘텐트에서 당신이 그들에게 만족스러운 정보를 제공한다면 당신의 채널은 빠르게 커질 수 있다.

이 과정은 흡사 언론홍보를 위한 PR 활동과 유사하다. 당신이 인지도가 별로 없음에도 인기 있는 미디어에 출연하고자 한다면 해당 미디어 운영자에게 득이 되는 무언가를 제시해야 한다. 내가 사업을 하던 당시 언론사 기자들에게 정보성 이메일을 써서 돈 들이지 않고 언론기사를 송출하여 광고효과를 누린 적이 몇 차례 있었다. 기자들이 관심은 있지만 직접 조사하기에는 오래 걸릴 만한 정보를 잘 정리하여 기사형태로 보낸 결과 해당 기자가 그 내용을 기사로 실어준 것이다.

오늘날에는 기존에 TV, 신문 등 미디어 매체의 역할을 상당 부분 유튜브가 대체하고 있다. 유튜브 채널에서 인터뷰에 참여하기 위해서도 정성이 담긴 출연신청 이메일 작성이 필요하다. 생각해보라. 만약 당신이 인지도도 없는데 몇 줄짜리 자기소개만 달랑 보낸다면 어떤 매체에서 당신을 출연시켜주겠는가. 언론홍보를 할 때는 기자들이 흥미를 보일 만한 주제 영역에서 정보를 담아 투고를 해야 한다. 더불어 바로 대중들에게 내보내도 손색이 없을 정도로 글까지 잘 정리해서 보내주면 돈을 들이지 않고도 언론홍보를 할 수 있다. 마찬가지로 인터뷰 출연신청을 할 때도 해당 매체의 운영자가 흥미를 보일 만한 정보를 제공할 수 있음을 적극적으로 어필해서 이메일을 작성하는 것이 중요하다.

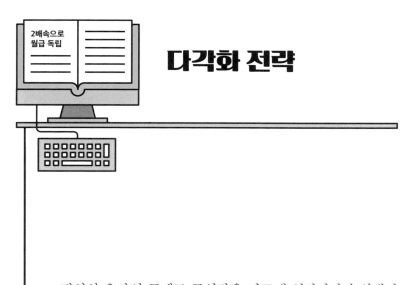

# 다각화 전략

당신의 온라인 콘텐트 공연장을 빠르게 성장시키기 위해서 반드시 적용해야 할 방법이 있다. 바로 전략 다변화 기법이다. 전략 다변화 기법이란 유튜브와 블로그를 키울 때 각 플랫폼의 특성에 맞게 성장 전략을 구사하는 것이다. 플랫폼마다 콘텐트가 소비되는 과정이 다르다. 이 차이를 명확하게 이해하고 접근하지 않으면 전략적인 콘텐트 제작은 불가능하다. 최악의 경우 당신은 가치 있는 정보가 담긴 좋은 콘텐트를 만들고도, 그 콘텐트를 아무도 보지 않는 상황을 마주할 수 있다.

우선 유튜브의 경우를 보자. 유튜브를 사용하는 대다수 시청자는 검색을 통해 콘텐트를 소비하지 않는다. 알고리즘이 추천해주는 콘텐트를 소비하는 횟수가 훨씬 많다. 유튜브 알고리즘은 사용자들의 취향을 정교하게 분석하기 때문에 각각의 사용자들이 관심을 보일만 한 영상을 노출시킨다. 그러나 당신이 유튜브에 채널을 개설하고 처음 영상을 올리기 시작하면 유튜브 알고리즘은 당신의 영상을 어떤 사람들에게 노출해야 할지 모를 것이다.

그래서 처음에는 당신이 올린 영상의 제목과 설명글, 태그 등을 통해 관심 타깃을 유추해서 콘텐트를 노출한다. 알고리즘은 이런 시범적인 노출을 통해 부정확한 잠재 타깃에게 당신의 영상을 보여줄 것이다. 이 과정에서 누군가가 당신의 영상을 시청한다. 동시에 다른 누군가는 당신의 영상을 검색으로 찾아서 볼 수도 있다. 이렇게 몇 사람이 당신의 영상을 시청하면 유튜브 알고리즘은 그 시청자들과 유사한 취향을 가진 사람들에게 당신의 영상을 보여준다. 이렇게 당신의 영상이 처음 노출됐을 때 많은 사람이 당신의 영상에 반응하고 시청한다면 유튜브는 계속해서 당신의 영상을 다른 사용자들의 화면에도 보여줄 것이다.

이 과정을 잘 기억하고 한 가지 예시를 보자. 유튜브를 통해 자신의 온라인 채널을 키우고 싶어 하는 유능한 입시 수학 강사가 있다. 이런 수학 강사들은 대부분 유튜브에서 자신의 전문성을 드러내기 위해 다음과 같은 제목을 설정한다.

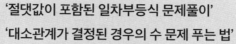

'절댓값이 포함된 일차부등식 문제풀이'
'대소관계가 결정된 경우의 수 문제 푸는 법'

　이런 제목을 보다 보면 한가지 생각이 든다. 우선 든 생각은 지극히 지엽적인 콘텐트 제목이라는 생각이다. 이런 경우 유튜브에서는 어떤 일이 발생하는지 살펴보자.

　앞서 설명했던 것처럼 알고리즘이 이 영상들을 몇 명에게 노출한다. 이 과정에서 '절댓값', '일차부등식', '경우의 수' 같은 단어 덕분에 유튜브 알고리즘은 일부 학생들에게 이 영상을 노출할 가능성이 크다. 그러나 운이 없다면 그마저도 학생이 아닌 무작위 사람들에게 노출된다. 학생이든 아니든 유튜브 사용자 중 '절댓값이 포함된 일차부등식 문제풀이'에 관한 영상이 추천되었을 때 시청할 사람들은 극히 소수다. 아예 시청이 안 일어날 확률도 무척이나 높다. 일단 해당 정보가 필요한 사람이 한정적이지 않은가. 그러던 중 한 수험생이 '일차부등식 문제 푸는 법'을 검색했다가 우연히 해당 영상을 보았다고 가정하자. 유튜브는 이 수험생의 취향을 바탕으로 그와 유사한 취향의 사용자들에게 수학 강사가 올린 영상을 보여줄 것이다.

그러나 안타깝지만 같은 수험생이라 할지라도 '절댓값이 포함된 일차부등식 문제풀이'라는 지엽적인 주제의 영상에 반응할 사람들은 많지 않다. 유튜브 알고리즘은 이 영상을 몇 차례 더 노출해보다가 시청이 일어나지 않는다는 것을 확인한 후 영상 노출도를 줄인다. 이렇게 전문가가 만든 또 하나의 콘텐트가 유튜브 세상 안에서 묻힌다.

이것은 유튜브에서 비즈니스를 시작하는 사람들이 흔히 저지르는 실수다. 그렇다면 저 수학 강사는 어떤 제목의 영상을 만들어야 했을까? 먼저 설정한 타깃을 봐야 한다. 수학강사가 모으고자 하는 타깃은 아마도 '수학 강의 수강을 희망하는 수험생'일 것이다. 그렇다면 '수험생' 전체가 흥미를 느낄 수 있는 넓은 주제의 콘텐트를 만들어야 한다.

'수학 7등급 수학포기자가 서울대에 합격한 전설의 사건?'
'15년 경력 수학 강사도 못 푼 수학 문제가 있다고?'
'오답률 96%, 전설의 수능 수학 문제를 아시나요?'

위와 같이 타깃층 전체가 관심을 보일 만한 성격의 콘텐트 제목을 지어야 한다. 흥미를 일으키는 제목을 설정하고 콘텐트 안에서 강사 본인의 능력을 간접적으로 보여주면 타깃들은 다음 콘텐트를 기다리게 되고 자연스럽게 인포디언스가 된다.

유튜브는 검색보다는 알고리즘 추천에 의한 콘텐트 소비가 많이 일어나기 때문에 채널을 빠르게 구축하고자 한다면 위처럼 이에 맞는 전략적 접근이 필요하다. 유튜브로 다수의 수험생을 모은 후에는 앞에서 설명한 대로 2차 채널을 만들어 수강을 원하는 수험생들만을 거르면 된다.

그럼 다음으로 블로그의 경우를 보자. 블로그에서 콘텐트가 소비되는 방식은 유튜브와 달리 검색에 기반한 유입이 압도적으로 많다. 네이버 블로그 앱에 들어가면 '추천'기능이 있긴 하나 그 기능을 통해서만 블로그 콘텐트를 소비하는 사람들은 거의 없다. 보통 사람들은 원하는 정보가 있을 때 특정한 키워드를 검색해서 블로그에 방문한다.

앞서 예시로 들었던 입시 수학 강사가 블로그를 한다면 '절댓값이 포함된 일차부등식 문제풀이'는 좋은 콘텐트 제목이 될 수 있다. 블로그에서는 이처럼 세부적인 키워드를 바탕으로 콘텐트를 만들어 두는 전략이 효과적이다. 문제를 풀다가 막힌 수험생은 '절댓값

일차부등식 푸는 법' 등을 검색하고 블로그에 들어와 정보를 얻어 갈 것이다. 이런 식으로 세부적인 문제풀이 콘텐트를 다양하게 만들어두면 방문자가 점점 늘어나고 수학 정보를 원하는 수험생들이 자연스레 모이게 된다.

블로그를 성장시킬 때는 이와 더불어 찾아가는 영업도 함께 하는 것이 좋다. 네이버 블로그의 '서로이웃' 기능을 적극적으로 활용하자. 수험생들이 모여 있는 카페에 가입해서 수학에 고민을 갖는 수험생들에게 직접 블로그 서로이웃 신청을 할 수 있다. 이렇게 찾아가는 영업으로 서로이웃이 늘어나면 검색유입뿐만 아니라 이웃 방문도 동시에 늘어난다. 다방면으로 블로그를 성장시킬 수 있게 되는 것이다. 또한 '서로이웃'기능을 이용하면 내가 아는 그룹이나 집단에게만 선별해서 소식을 전할 수 있다. 즉 내가 정보를 전달하고자 하는 대상을 특정해서 효율적으로 전달할 수 있다는 것이다. 그만큼 소비자들은 만족도가 올라가고 당신이 제공하는 정보의 가격과 질은 올라갈 것이다.


이처럼 당신이 온라인 채널을 만들 때는 플랫폼의 특성을 정확하게 파악하는 것이 중요하다. 물론 플랫폼의 특성을 한 가지로만 특정 짓기란 쉬운 일이 아니다. 이를 위해 채널을 잘 키워본 경험이 있는 사람들로부터 가르침을 얻는 것도 한 가지 방법이다. 굳이 유료 교육을 받지 않더라도 무료로 공개된 여러 가지 자료들을 찾아보며 채널의 특성을 파악한다면 큰 도움이 될 것이다. 아무리 우리가 열심히 좋은 콘텐트를 만들더라도 아무도 봐주지 않는 상황이 계속된다면 지칠 수밖에 없다. 좋은 콘텐트를 만드는 것만큼이나 좋은 방법으로 마케팅하는 것도 중요하다. 공들여 만든 콘텐트가 인터넷에 떠도는 이야기 정도로 묻히면 너무 아쉽지 않은가.

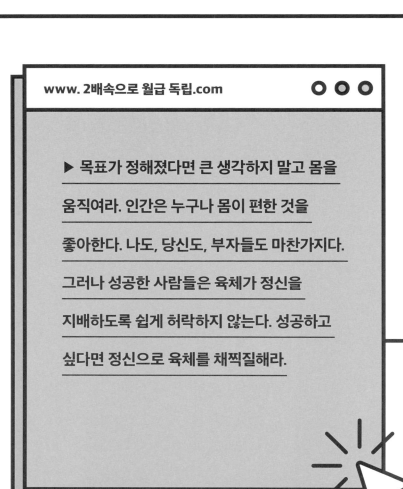

www. 2배속으로 월급 독립.com

▶ 목표가 정해졌다면 큰 생각하지 말고 몸을 움직여라. 인간은 누구나 몸이 편한 것을 좋아한다. 나도, 당신도, 부자들도 마찬가지다. 그러나 성공한 사람들은 육체가 정신을 지배하도록 쉽게 허락하지 않는다. 성공하고 싶다면 정신으로 육체를 채찍질해라.

PART **5**

# 행동하지 않으면
# 의미 없다

# 1년 반 만에 삶을
# 바꿀 수 있었던 이유

내가 만든 회사를 박차고 나와 1년 6개월 만에 훨씬 만족스러운 삶을 얻은 비결을 이야기하고자 한다. 남들과 비교할 때 나는 그다지 특출난 능력이 있는 사람이 아니다. 그렇지만 나는 내 강점이 무엇인지 알고 있고, 그 강점을 어떻게 해야 잘 살릴 수 있는지에 대해 오랫동안 고민해왔다. 그 결과 지난 1년 반의 시간 동안 나는 강점에만 집중해서 경제적 자유를 위한 여정을 이어왔다.

이 책을 읽는 사람들 모두가 내가 가진 강점을 갖고 있지는 않다. 하지만 반대로 나 역시 당신이 가진 강점을 갖지 못했다. 내가 여기서 설명하고자 하는 강점은 누구나 노력으로 획득 가능한 것이다.

내가 자신 있게 말할 수 있는 나의 강점은 바로 '실행력'이다. '저

걸 누가 못해? 나도 하겠다.'라는 마음이 들면 일단은 도전하고 본다. 나는 'learn by doing(실행함으로써 배우라)'이라는 슬로건을 신봉한다. 무엇이든 직접 하면서 배우는 게 앉아서 머릿속으로만 생각하며 배우는 것보다 훨씬 효과적이라고 생각한다. 그렇기에 조금 부족하더라도 늘 실행부터 하는 편이다.

이쯤에서 당신은 내가 선천적으로 타고난 '실행가' 스타일이라고 생각할 수 있다. 하지만 그건 전혀 아니다. 나는 줄곧 나의 실행력에 대해 불만을 가져온 사람이다. 항상 무언가 새로운 일을 시작하려고 하다가도 머릿속으로만 한참을 구상하다 열정이 식어 관두기 일쑤였다. 예전에는 나도 앞뒤 가리지 않고 부딪히는 사람들을 보면서 무모하다고 비판했다. 그러나 되돌아보면 그것은 건전한 비판이 아닌 열등감에서 나온 비난이었다. 한편으로는 그런 실행가들을 내심 부러워했다. 결국에 미래는 실행하는 사람만이 만들 수 있다는 것을 늘 결과로 확인했기 때문이다.

나는 형편없는 실행력을 끌어올리고 싶었다. 항상 구상만 하면서 몇 달이고 시간을 흘려보내는 스스로가 도무지 이해되지 않았다. 생각이 많을수록 고민이 많아진다. 그 당시의 나는 고민만 하다가 시작도 못 해본 일이 너무 많았다. 나도 당신과 같은 인간이었다.

처음 실행력과 관련된 자기계발 서적을 찾아본 것은 대학교 1학년 때였다. 그때부터 실행력이 떨어지는 이유를 계속해서 찾아봤다. 그러곤 내가 내린 결론은 실행력을 저하시키는 가장 주된 원인은 인간이 가지고 있는 현상 유지 편향(status quo bias) 때문이라는 것이다. 사람은 큰 이득이 보장돼 있지 않으면 현재 하는 행동을 변화시키려 하지 않는다. 현상 유지 편향 역시 행동경제학에서 이야기하는 인간의 손실 회피(loss-aversion)와 연관돼 있다. 결국에 실행력이 떨어지는 건 인간이 가진 일종의 본능과도 같은 것이다. 바꿔말하면 의식하고 노력하지 않으면 실행력을 올리기 쉽지 않다는 의미도 된다.

우리가 어떤 도전을 하고자 할 때는 당연히 보장된 이득이 없는 경우가 대부분이다. 헛고생할지도 모르고 시간적으로나 금전적으로 손해를 볼 수도 있다. 물론 지식과 경험을 가지고 온라인에서 사람들을 모으는 활동은 금전적 손실의 여지는 크지 않다. 자본이 들어가지 않기 때문이다. 그러나 충분한 시간은 필요하다. 인간이라면 대부분 이러한 손실을 회피하고자 하는 편향이 강하게 발현된다.

우리가 흔히 '귀차니즘'이라고 부르는 게으름의 영역도 현상 유지 편향과 관련이 깊다. 단편적으로 생각할 때 행동하지 않는 게 몸과 마음이 편하고 손실의 가능성도 없다는 점에서 현상 유지 편향을 극복하기란 쉽지 않다.

그러나 당신이 깊게 생각해봐야 할 게 있다. 그것은 바로 현상을 유지하는 행위 자체가 손실일 수 있다는 점이다. 남들이 새로운 도전을 하며 앞서나갈 때 제자리에 있는 것은 상대적으로 볼 때 큰 손실이다. 결국 가만히 있었던 결과로 본인만 제자리에 머문 채 한참 앞에 있는 남들을 지켜봐야 하는 상황이 벌어질 수도 있다.

이제부터 내가 어떻게 스스로 '실행가'로 변화시킬 수 있었는지 여섯 가지의 전략을 소개할 것이다. 이 전략들을 통해 나는 포기하지 않고 온라인에서 나만의 인포디언스들을 충분히 모을 수 있었다. 하나하나 살펴보면 못할 이유가 없는 지극히 작은 변화일 뿐이다. 하나도 어렵지 않으니 당신의 삶에도 반드시 적용해보기 바란다. 작은 변화가 가져오는 인생의 혁신을 경험하게 될 거라 확신한다.

# 특별한 제너럴리스트

나는 어떤 도전을 할 때 다음과 같은 순서로 행동한다.

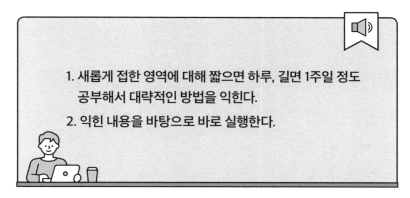

1. 새롭게 접한 영역에 대해 짧으면 하루, 길면 1주일 정도 공부해서 대략적인 방법을 익힌다.
2. 익힌 내용을 바탕으로 바로 실행한다.

이 두 단계가 끝이다. 무척 단순하지 않은가? 단순한 만큼 남들보다 훨씬 빠른 속도로 어떤 일이든 시작하고 익힐 수 있다.

물론 이 방법에 단점이 없는 것은 아니다. 한 영역에 특출난 전문가가 되기는 쉽지 않다. 스페셜리스트(Specialist)보다는 제너럴리스트(Generalist)에 가깝다. 그러나 현대 사회는 스페셜리스트가 되어야만 할 필요가 전혀 없다. 오히려 온라인은 제너럴리스트들이 활약하기에 최적화된 환경이다.

다시 한번 강조하면 우리는 상위 0.1%가 돼야만 남에게 정보를 나누어 줄 수 있는 게 아니다. 당신은 '르브론 제임스'가 가르쳐 주는 게 아니라면 농구를 배우지 않을 것인가? '타이거 우즈'만이 당신에게 골프를 알려줄 수 있는가? 단편적인 예로 당신은 '고든 램지'가 가르쳐 주는 요리 채널 외에는 요리 프로를 보지 않는가? 물론 아닐 것이다.

당신보다 정보를 덜 가진 사람을 한 명이라도 찾을 수 있다면, 그는 당신의 관객이 될 수 있다. 전 세계 어디에나 도달할 수 있는 온라인 환경은 당신의 정보가 필요한 사람들을 찾는 것을 아주 쉽게 만들어줬다. 스페셜리스트가 되어야만 한다는 압박에서 벗어날 필요가 있다. 오늘날은 지식 융복합을 통해 사람들의 기존 생각을 바꿔줄 수 있는 '특별한 제너럴리스트'가 많이 필요하다.

우리가 실행을 통해 더 넓은 범위의 정보를 다양하게 가질수록 지식 융복합은 빠르게 일어난다. 지금 사회에서 일어나는 다양한 현상은 한 가지 분야의 지식만으로는 설명이 힘든 것들이 많다. 폭

넓은 정보를 두루 가지고 있을수록 관객들에게 새로운 정보들을 전달할 수 있다. 이러한 점에서 나는 오히려 연결성이 떨어지는 색다른 경험들을 조합하여 '스페셜한 제너럴리스트'가 되는 것을 권하고 싶다.

MBA 출신 기업가는 많다. 그러나 게임중독 출신 기업가는 생소하다. 국문을 전공하고 신춘문예를 통해 등단하는 작가들은 많다. 그러나 공학을 전공한 대기업 엔지니어 출신 소설작가는 생소하다. 이처럼 언뜻 보기에 연결되지 않을 것 같은 지식과 능력들이 연결될 때 새로운 정보를 탄생시킨다. 오늘날엔 인터넷을 통해 사전을 뒤적이지 않아도 정보를 쉽게 찾을 수 있다. 더 이상 뻔한 정보는 사람들의 관심을 끌 수 없다는 말이다. 뻔한 정보가 아닌 새로운 정보들이야말로 다른 사람들의 세상을 보는 관점을 넓혀줄 수 있다. 당신이 새로운 영역에 도전해서 적극적으로 실행할수록, 스페셜한 제너럴리스트가 될 수 있음을 잊지 마라. 스페셜한 제너럴리스트에게는 자연스럽게 다수의 인포디언스가 모인다.

이제 세상은 점점 더 차별화의 시대로 가고 있다. 남들과 똑같이 학창시절을 보내고 남들과 비슷하게 대학교육을 받아 똑같은 직업 생활을 하면서, 비범한 생활을 누리겠다는 것은 욕심이다. 다른 미래를 얻고 싶다면 과정도 달라져야 한다. 남들과 다르게 움직여야 자유와 경제적 풍요를 누릴 수 있다. 자유를 얻고 싶다면 열린 마음으로 새로운 것에 도전해라. 게으름을 이겨내고 실행하는 것을 두려워하지 마라.

일단 보고, 생각해라. 금방 이해가 되는 것이 있다면 바로 실행에 옮겨라. 이 과정에서 당신은 분명히 넘어질 것이다. 그렇지만 괜찮다. 넘어지면 왜 넘어졌는지 돌아보고 개선하면 그만이다. 이게 당신이 가장 빠르게 성장하는 길이며, 결과적으로 큰돈을 버는 방법이다.

# 이틀의 법칙

인간이 성공하기 위해서는 습관을 잘 통제해야 한다. 습관이란 녀석은 참으로 이상하다. 나쁜 생활습관은 금방 몸에 밴다. 그러나 웬만한 노력으로는 떼어내기가 힘들다. 역으로 좋은 생활습관은 웬만큼 노력해서는 몸에 배지 않는다. 그러나 떨어져 나가는 건 순식간이다. 우리는 육신이 편한 것을 추구하고 대체적으로 좋은 습관은 몸이 편한 것과는 거리가 있다. 그래서 의식적으로 습관을 통제하지 않으면 성공하기 힘든 것이다.

온라인에서 인포디언스를 모으기 위해서는 꾸준하게 당신의 콘텐츠를 만드는 '행동'이 필수다. 누워서 생각만 하는 건 의미가 없다. 행동하지 않고도 사람들이 당신의 채널에 알아서 모이는 일은 일어나지 않는다. 평일이든 주말이든, 직장을 다니든 쉬고 있든, 당신은 꾸준하게 콘텐트를 구상하고 만드는 습관을 들여야 한다. 이 부분에서 당신에게 이틀의 법칙을 이야기하고 싶다.

이틀의 법칙은 다음과 같다. 좋은 습관을 유지하기 위해 다이어리나 달력을 준비해 그날그날 목표 습관 행동을 했는지 안 했는지를 표시하는 것이다. 그냥 단순하게 동그라미와 엑스로 표시해도 좋다. 여기서 명심해야 할 것은 엑스가 이틀 연속 나오면 안 된다는 것이다. 정말 힘들고 몸이 고되면 쉬어도 좋다. 그러나 규칙이 있다. 이틀을 연속으로 쉬는 것은 안 된다. 정 쉬어야 한다면 사이에 동그라미를 하나 넣어 하루 쉬고 하루 행동하고 다시 하루 쉬어라. 이틀을 연속으로 쉬는 순간 그 좋은 습관은 이미 당신 것이 아니다.

내가 이틀의 법칙을 처음 내 삶에 적용한 것은 300만 명의 구독자를 보유하고 있는 미니멀리즘 유튜버 맷 디아벨라(Matt D'Avella)의 '2 day rule'이라는 영상을 시청한 후부터였다. 맷 디아벨라는 건강한 몸을 만들기 위해 8년간 운동과 관련해서 이틀의 법칙을 수행해 왔다. 그 결과 마르고 허약했던 몸을 근육질로 변화시킬 수 있었다고 이야기한다. 나는 이 영상을 본 후 내가 온라인 비즈니스를 만드는 과정에서 습관화해야 하는 영역에 모두 이 법칙을 적용했다.

아마 어떤 사람들은 해빗트래커라는 도구를 활용해서 습관을 관리하고 있을 것이다. 만약 당신이 해빗트래커를 활용하고 있다면 이틀의 법칙을 반드시 함께 적용하기 바란다. 단순히 그날그날 습관 행동을 했는지 안 했는지 체크하는 것으로는 부족하다. 이틀 연속 엑스표가 나오는 순간 그 습관은 실패로 돌아간다는 사실을 스스로 강하게 인지해야 된다.

나는 이런 법칙을 생활 전반에 사용하고 있다. 지독하게 운동을 하기 싫더라도 이틀 이상 건너뛰지 않기 위해 노력한다. 하루 운동을 쉬었다면 다음날은 턱걸이 10분, 팔굽혀펴기 10분이라도 하고 기어코 동그라미를 만들어낸다. 이틀을 연달아 엑스 표시하는 순간 그 행동을 한 달 아니 여섯 달도 쉴 수 있다는 것을 경험으로 깨달았다. 이때 마음속으로 카운트하는 것은 효과가 떨어진다. 대부분 사람은 어지간한 압박감으로는 통제되지 않는다. 이틀의 법칙은 시각화해서 스스로 충분한 압박을 느낄 때 효과가 있다.

콘텐트를 만들어내는 과정은 돈이 들지 않는 대신 상당한 끈기를 요구한다. 나는 끈기가 습관에서 나온다고 믿는다. 어떤 행동이 습관으로 자리 잡게 되면 더 이상 의식적인 노력과 수고를 크게 들이지 않아도 된다. 정보를 생산하기 위해 새로운 지식을 탐구하는 일, 경험을 쌓는 일, 그것들을 가공하여 콘텐트로 만드는 일, 모든 것이 습관화되지 않으면 당신은 계속해서 끈기로만 버텨야 한다. 버티기만 하는 삶은 너무 피곤하지 않은가. 이틀의 법칙을 활용해 습관으로 만들면 더 이상 버틸 필요가 없다.

다시 말하면 목표가 정해졌다면 큰 생각을 하지 말고 몸을 움직여라. 인간은 누구나 몸이 편한 것을 좋아한다. 나도, 당신도, 부자들도 마찬가지이다. 그러나 성공한 사람들은 육체가 정신을 지배하도록 쉽게 허락하지 않는다. 성공하고 싶다면 정신으로 육체를 채찍질해라.

# 단 5초로 인생을
# 바꿀 수 있다

평일 아침, 요란하게 울리는 알람을 듣고 눈을 뜬 뒤 알람을 다시 꺼버린 기억이 있는가? 아마도 '딱 5분만 더 있다가 일어나야지'라고 말하며 침대에서 뭉그적댄 경험이 있을 것이다. 오늘 아침에도 그렇게 행동했던 사람이 있을 것이다. 물론 나도 그랬던 적이 많다. 할 일을 항상 미루고 침대에서 벗어나기를 누구보다 싫어했다. '조금만 이따가 일어나야지. 조금만 이따가 씻어야지. 조금만 이따가 공부해야지. 조금만 이따가 집중해서 일해야지. 조금만 이따가…'

한 가지 질문을 던져보겠다. 만약 당신이 방에서 자고 있는데, 방문 앞에서 불이 났다면 어떻게 할 것인가? 몇 가지 생각을 하고 있을 것이다.

'소화기가 어디에 있었지?'

'이불을 물에 적셔서 화재를 진압할 수 있을까?'

'손수건을 물에 적셔 호흡기를 막고 나가야 하나?'

그러나 실제로 당장 당신 앞에서 불이 나면 당신은 생각하기 전에 몸이 먼저 반응해 집 밖으로 미친 듯이 뛰쳐나갈 것이다.

생각이 많아지면 행동력은 떨어진다. 심사숙고해서 전략적으로 접근하는 것이 나쁘다고 이야기하는 것은 결코 아니다. 고민을 통해 완벽한 전략을 수립하더라도 행동하지 않으면 의미가 없다는 얘길 하는 것이다. 대부분 성공한 전략가들은 실행력이 뒷받침된 사람들이다. 당연한 말이지만 전략을 구상했다면 그것을 실행으로 옮겨야만 성공할 수 있다.

이미 당신의 실행력이 뛰어나다면 전략가가 되는 것을 말리지 않겠다. 그러나 실행력이 부족한 상황에서 전략을 짜는 게 더 중요하다고 머리만 굴리고 있으면 당신이 원하는 일은 벌어지지 않는다. 대부분 평범한 사람들은 전략을 구상하는 도중에 지쳐 포기하는 경우가 많다. 생각해보니 고려할 요소가 많고, 발생할 수 있는 문제 상황들을 떠올리다 보면 머리가 지끈거리기 시작한다. 결국은 행동으로 옮기고 싶은 마음이 사그라들고 침대에 누워버린다. 당신도 나처럼 이런 일을 많이 겪었을 것이다.

나 또한 과거에는 걱정을 달고 사는 사람이었다. 시작하기도 전에 문제점만 나열하다가 지레 겁먹고 포기했었다. 골치도 아프고 이걸 굳이 해야 할까 하는 생각이 드는 순간, 도전은 거기서 끝난다. 이 과정을 수없이 겪으면서 생각했다. 어떻게 해야 도전을 끝낼 수 있을까? 결국에 내린 결론은 생각을 줄여야 한다는 것이었다. 그렇게 생각을 줄이는 테크닉을 공부하기 시작했다.

그러던 중 우연히 멜 로빈스(Melanie Robbins)가 쓴 『5초의 법칙(The 5 Second Rule)』을 읽게 됐다. 사실 나는 이 책을 끝까지 읽지는 않았다. 이 책의 핵심은 앞부분에 다 나와 있기 때문이다. 그 내용은 무척 심플했다. '무언가 해야겠다고 마음이 들면 그냥 다섯을 세고 바로 한다.' 이게 바로 5초의 법칙이다. 책에서는 이 5초의 법칙을 깨닫고 인생이 변한 사람들의 사례로 뒷부분이 구성되어 있다. 물론 5초의 법칙이라는 책을 처음 본 나는 '뭐 이런 내용으로 책을 썼지?'라는 생각을 했다. 그러나 실제 삶에 적용해본 결과 내 생각은 그 책에 적힌 그대로다.

'별 것 아닌데 효과는 엄청나다.'

이 책을 읽은 다음 날 아침에 바로 5초의 법칙을 적용해 봤다. 원래라면 아침잠이 많은 나로서는 알람이 울리는 순간부터 고통스러워했을 것이다. 피곤함은 여전하고 몸은 무겁고 한 시간만 더 자고 싶은 생각이 들었다. 그날도 마찬가지였다. 동시다발적으로 여러 가지 생각이 들었다. '3분만 더 눈감았다가 일어날까?', '알람을 5분 후로 다시 맞추고 좀만 더 잘까?' 등등 나와의 싸움이 시작된 것이다. 그때 이런 생각이 들었다. '아 씻어야 하는데…' 그런 생각이 드는 순간 바로 다섯을 셌다. 5, 4, 3, 2, 1. 그리고는 곧장 일어나 욕실로 달려 들어갔다. 효과는 놀라웠다.

나는 내가 하기 싫은 대부분의 일을 이 5초의 법칙으로 끝장낸다. 5초의 법칙으로 무장한 나는 항상 게으른 나를 이긴다. 이 5초의 법칙을 뒤에 소개할 발 적시기 전략과 함께 사용하면 당신이 하기 싫은 일은 더 이상 당신을 괴롭히지 못할 것이다. 하루하루 실행력을 폭발시켜 기존에 하기 싫었던 일들을 처리해내는 자신을 보게 될 수 있다. 정말 단순한 방법이지만 놀라우리만치 효과가 뛰어나다.

나는 이 5초의 법칙을 적용할 때 머릿속으로 100M 달리기 출발선에 선 스프린터 또는 로켓의 발사장면을 떠올린다. 그러면 내 실행을 가로막는 다른 잡념들이 그 5초 동안 사라진다. 그리고 5초를 거꾸로 카운트하는 것은 마치 내가 스프린트 선수가 된 것처럼 카운트가 끝나고 바로 뛰어나가게 만든다. 사실 이 장을 적으면서도 조금 우습다. 아마 이 책을 보고 있는 당신도 이렇게 느낄지 모르겠다. '5초 세고 그냥 시작하라니? 인생 바꾸기라면서 이걸 비법이라고…'하지만 이전에 이렇게 해본 적이 없지 않은가? 그냥 속는 셈 치고 한번 해보기 바란다. 나처럼 5초 세고 몸을 내던지는 데 익숙해지면 당신의 인생도 바뀔 수 있다.

# 발만 담가도
# 반절은 성공이다

'천 리 길도 한 걸음부터'라는 속담이 있다. 아무리 우리가 해야 할 일이 장황해 보이고 막막하더라도 일단 한 걸음을 내디디면 결국 하나씩 처리하며 움직이게 된다. 이를 나는 발 적시기 전략이라고 부른다. 제아무리 차가운 겨울 바닷물이라도 발부터 적시며 마음을 다잡으면 들어갈 수 있다. 그러나 멀리 떨어져서 생각만 하면 아무 일도 일어나지 않는다.

무슨 일을 하든지 가장 첫 행동이 되는 것을 우선 실행에 옮겨라. 그러면 다음 행동은 자연스럽게 이어지기 마련이다. 생각해보면 이 '첫 행동'이라는 것이 가장 어렵다. 일단 침대를 벗어나 욕실로 가면 씻는다. 그러나 침대를 벗어나는 그 자체가 어렵다. 그래서 '5초의 법칙'과 '발 적시기 전략'은 함께 움직여야 한다. 5초를 센 후에

맨 처음 행동만 시작해보라. 그러면 결국 하기 싫은 일을 끝마칠 것이다.

　나는 유튜브 콘텐트를 만들 때 종종 어려움을 겪는다. 특히 일과 유튜브를 병행할 때는 피곤해서 관두고 싶은 생각도 많이 들었다. 그러나 침대에 누운 채로 '유튜브 영상 만들어야 하는데…' 하고 생각만 하면 콘텐트는 평생 만들어지지 않는다. 그래서 나는 아래와 같은 방법을 써왔다.

1. 소재는 없지만, 그냥 노트북 앞에 앉는다.
   (유튜브 콘텐트 만들어야 한다는 생각이 들면 다섯을 세고 바로 의자로 달려가 앉는다.)
2. 문서작성 프로그램을 실행한다.
3. "여러분, 시간은 금입니다. 1.25 배속으로 보세요."를 적는다.
   (나의 고정 오프닝 멘트다.)
4. 엔터를 눌러 줄을 바꾼 후 "아, 포리얼 입니다."라고 적는다.
   (이 또한 나의 고정 오프닝 멘트다.)

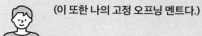

　이상이 내가 유튜브 콘텐트를 만들어온 비법이다. 일단 노트북

앞에 앉아 오프닝 인사말을 친다. 그러면 무슨 말이라도 쓰게 되어 있다. 결과물은 어떨까? 침대에 누워서 고민만 하고 있을 때와는 비교가 안 된다. 내가 유튜브에 올린 100개 이상의 영상은 대부분 이 과정을 통해 만들어졌다. '5초의 법칙'과 '발 적시기 전략', 실제로 이 두 가지가 지금의 나를 만들었다고 해도 과언이 아니다.

시작이 반이라는 이야기가 있다. 나는 시작이 반 이상이라고 생각한다. 시작한 것과 시작하지 않고 생각만 하는 것은 아예 비교 자체가 불가능하다. 당신이 무슨 일이든 '시작' 하는 순간, 생각만 하는 사람들보다 압도적으로 앞서 간 셈이다. 그러니 일단 시작하고 그 기세로 밀고 나가라. 해야 할 일이 있다면 당장 발을 적셔라. 이내 몸을 푹 담그고 일에 집중하는 자신을 볼 수 있을 것이다.

# 실행력을 끌어올리는 우선순위 설정법

혼자서 자신만의 프로젝트를 진행한다는 것은 생각보다 높은 자기관리 능력을 요구한다. 나 역시도 회사에서 나온 뒤 혼자 일을 하기 시작하면서 나태해질 때가 많았다. 일과가 정해져 있는 직장인들과 달리 디지털 1인 사업가들은 혼자서 일을 한다는 자유로움이 오히려 리스크가 될 수도 있다.

자기관리를 위해 중요한 부분 중 하나가 바로 우선순위 설정이다. 자신의 일상에서 우선순위를 정확하게 나눌 수 있다면 자기관리가 한층 수월해진다. 그런 이유에서 이번 장에서는 1인 창업자가 경제적 자유를 달성하기 위해 일의 우선순위를 나누는 방법을 소개하고자 한다.

일은 다음 세 가지 기준으로 나눌 수 있다.

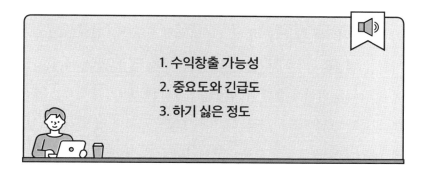

우선 각각의 기준들을 간단하게 살펴보자.

### ▶ 수익창출 가능성

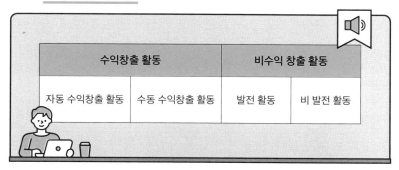

이 기준으로 일을 나누면 개인의 일은 크게 두 가지로 분류된다. 하나는 수익창출 활동이고 다른 하나는 비수익 창출 활동이다. 수익창출 활동을 조금 더 세분화하면 다시 두 가지로 나눌 수 있다. 자동 수익창출 활동과 수동 수익창출 활동이 그것이다.

자동 수익창출 활동은 당신이 시간을 들여 노력해도 당장에 수익이 발생하지는 않는다. 이 책의 전반에서 설명하고 있는 온라인에 자동화 채널을 구축하는 활동이 이 영역이라 볼 수 있다. 이러한 활동은 미래를 위한 일종의 '투자' 개념으로 봐야 한다. 구체적인 예로는 유튜브 채널 키우기, 블로그 키우기, 인스타그램 계정 키우기 등이 있다. 수동 수익창출 활동은 당신이 시간을 들여 노동한 만큼 수익이 발생하는 활동이다. '노동 소득'의 영역이라고 이해하면 된다.

시간적 자유와 경제적 여유를 달성하기 위해서는 궁극적으로 자동 수익창출 구조를 많이 만드는 것을 목표로 해야 한다. 그러나 수동 수익창출 활동을 등한시해서는 안 된다. 충분한 자동 수익창출 구조가 만들어지기 전까지 당신은 성실하게 '노동 소득'을 창출해야 한다. 당장 먹고 사는데 필요한 생존권을 보장하는 영역이라고 보면 된다.

우리가 성공적으로 경제적 자유와 가까워지려면 이 두 가지 활동을 모두 해야 한다. 수동 수익창출 활동을 통해 일정한 수익을 유지하면서, 자동 수익창출 활동을 늘리는 데 꾸준히 투자해야 한다. 장기적으로는 자동 수익창출 구조가 하나둘 만들어지며 수익 파이프라인이 늘어나기 시작할 것이다.

비수익 창출 활동도 두 가지로 나누어 볼 수가 있다. 하나는 발전 활동이고 또 하나는 비 발전 활동이다. 이 두 가지도 조금 더 살펴보자.

발전 활동은 수익창출을 위한 직접적인 행동은 아니지만, 당신이 성장하는 데 영향을 주는 부문이다. 발전 활동은 장기적으로는 수익에 도움이 된다. 새로운 것에 대한 경험 쌓기, 독서나 강의를 통해 지식 축적하기 등이 대표적인 발전 활동이다. 더불어 운동처럼 건강을 챙기는 활동도 발전 활동이라 볼 수 있다.

비 발전 활동은 수익창출과는 크게 관련이 없으며 개인적인 발전에도 큰 도움이 되지 않는 활동이다. 이 부분은 개인마다 차이가 있으므로 특정한 활동을 규정하기 어렵다. 예를 들면 유튜브 시청은 사람에 따라 발전 활동이 될 수도 있고 비 발전 활동이 될 수도 있다. 유튜브 영상을 통해 지식을 얻고 그것을 활용한다면 발전 활동이 되겠지만, 오락성 위주의 영상을 보고 시간 때우기에 지나지 않는다면 그건 비 발전 활동의 성격이 강하다고 볼 수 있다.

발전 활동과 비 발전 활동은 모두 우리 삶에 중요하다. 비 발전 활동을 하지 말아야 하는 것도 결코 아니다. 인간은 휴식도 해야 하고 스트레스도 풀어야 한다. 새로운 곳에서 색다른 경험을 하면서 아이디어가 떠오르기도 한다. 그러므로 비 발전 활동을 삶에서 멀리해야 할 필요는 없다.

효과적인 자기관리를 위해서는 앞서 이야기한 활동들을 우선순위에 따라 잘 나누는 게 중요하다. 만약 당신이 당장 수익구조를 만드는 게 급하다면 수익창출 활동에 충분한 시간을 투입해야 한다. 수동 수익창출 활동을 하면서 자동 수익창출 활동에도 일정량의 시간을 꾸준히 쓴다. 만약 당신이 자동 수익창출 활동을 시작할 만한 역량이 당장 안 된다면 수동 수익창출 활동 이후에 발전 활동에 충분한 시간을 투입해야 한다.

만약 당장 수익구조를 만드는 게 급한 사람이 비수익 창출 활동, 그중에서도 비 발전 활동에 과도한 시간을 쓴다면 이는 어리석은 행위라고 볼 수 있다. 이처럼 우선순위는 자신이 현재 처한 상황에 영향을 많이 받는다. 이제 자신의 하루 일과를 되돌아보라. 현재 자신의 상황을 비추어볼 때 제대로 시간을 쓰고 있는지 고민해보기 바란다. 당신은 더 나은 미래를 위해 살고 있는가?

### ▶ 중요도와 긴급도

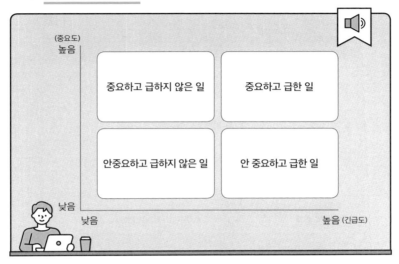

　　우선순위를 중요도와 긴급도를 기준으로 나누는 방법도 존재한다. 이런 방식대로 일을 나누면 위의 표와 같이 네 가지 영역으로 일이 분류된다. 하루하루 해야 하는 일을 네 분류로 나눠 정리해 보자.

　　앞서 언급한 두 가지 분류 방식은 독립적으로 적용하는 것이 아니다. 우선 수익창출 방식으로 할 일을 정하고 급한 정도에 따라 다시 한번 분류하는 것이다. 이해를 돕기 위해 예시를 준비했다. 아래 도표를 보면서 차근차근 우선순위 분류에 대해 알아보자.

< 예시 >

| 오늘 할 일 | |
|---|---|
| 자동 수익창출 활동 | - 유튜브에 올릴 새로운 콘텐트 소재 1개 찾기<br>- 블로그 글 1개 업로드 |
| 수동 수익창출 활동 | - 온라인 강의 진행하기 (2시간)<br>- 의뢰받은 광고영상 스크립트 작성하기 |
| 발전 활동 | - 30분 독서<br>- 하체 운동 30분 |
| 비 발전 활동 | - 새로 설치한 모바일 게임하기 |

이렇게 세부 활동을 도출하면 각각을 중요도와 긴급도를 기준으로 나누어본다. 이렇게 나눈 후에는 당연한 이야기지만 중요하고 급한 일을 먼저 처리한다. 그렇다면 중요하고 급한 일을 처리하고 난 후 어떤 일을 해야 할까? 여기서 당신은 보통 급하고 안 중요한 일을 우선해서 처리하는 경우가 많을 것이다. 그러나 이런 상황에서 '중요하지만 안 급한 일'을 하려고 의식적으로 노력할 필요가 있다.

대부분의 '급하지만 중요하지 않은 일'은 당신을 위한 일이 아니라 남을 위한 일인 경우가 많다. 남들이 닦달해서 하지만 당신에게는 사실상 비 발전 활동에 속하는 일이다. 우리가 살다 보면 이런 불

필요한 비 발전 활동에 시간을 뺏겨 정작 나에게 중요한 일을 계속 미루게 되는 상황이 많이 일어난다. 이때 '중요하지만 안 급한 일'은 급하지 않다 보니 후 순위가 돼버리기 쉽다.

이제 조금은 이기적으로 굴 필요가 있다. 남들이 급하다고 요청하는 일 중에서 정말 당장 안 하면 큰일 나는 일은 생각보다 많이 없다. 대부분은 그냥 본인들이 편하기 위해 당신에게 요청하는 것이며 당신의 삶에는 큰 도움이 안 되는 활동인 경우도 많다. 이를 판단하기 위해서는 요청받은 일이 당신에게 수익창출 활동인지, 발전 활동인지, 비 발전 활동인지 고려해보는 것도 하나의 방법이다.

이렇게 판단했을 때, 비 발전 활동이라면 당신에게 중요한 일을 먼저 하는 게 좋다. 급하지만 중요하지 않은 일 때문에 미루다 보면 중요한 일을 영원히 할 수 없을지 모른다. 그러므로 긴급도보다 중요도를 앞에 두는 습관을 갖는 게 좋다.

### ▶하기 싫은 정도

중요도와 긴급도로 일을 세부적으로 나눴다면 그 안에서 각각 하기 싫은 정도로 일을 또 나눌 수 있다. 사람마다 하고 싶은 일이 있는가 하면, 하기 싫어 미칠 것 같은 일도 있기 마련이다. 그렇게 중요도와 긴급도로 분류한 일들을 다시 하기 싫은 순으로 정렬해보자. 이제 당신이 오늘 가장 먼저 해야 할 일은 그것으로 정리된다.

중요하고 급한 일 중에서 가장 하기 싫은 일을 먼저 처리한다. 그 다음으로 하기 싫은 일을 처리하고, 가장 하고 싶은 일은 맨 나중에 한다. 하고 싶은 일부터 하면 하기 싫은 일이 잔뜩 남아 나중에는 실행력이 떨어진다. 결국에 그 날 해야 할 일을 마무리하지 못하는 결과가 발생한다. 이를 방지하려면 일단 아무것도 하지 않은 상태에서는 하기 싫은 일부터 처리해야 한다. 하기 싫은 일들이 정리됨에 따라 나머지 일들은 기분 좋게 해결할 수 있다. 단순한 일 처리의 순서를 바꾸는 것만으로 당신의 생산성이 크게 달라진다.

# 첫 단추 이론

내가 혼자 일하기 시작하고 약 3개월이 지났을 무렵, 나는 자신을 통제하기가 무척 힘들다는 것을 실감했다. 하루 중 낭비하는 시간이 늘어나고 있음을 느꼈으나 어떻게 개선해야 할지 감이 잡히질 않았다. 당장 먹고 사는 것에도 문제가 없고 여유를 부려도 구축된 수익구조가 있으니 간절함도 사라졌다. 그러나 나에겐 더 높은 목표가 있었다. 앞으로 나아가고 발전을 해야 하는데 제자리에 머물러 있는 답답한 상황이 나를 괴롭혔다. 나는 그때 첫 단추 이론을 내 삶에 적용했다.

매일 밤 잠들기 전 그 날 하루가 만족스럽지 못하다면 당신도 첫 단추 이론을 삶에 적용할 것을 추천한다. 무슨 일을 하든지 처음이 중요하다는 것을 비유적으로 표현한 '첫 단추를 잘 꿰매야 한다'라는 말이 있다. 첫 단추를 제대로 꿰매지 않으면 모든 단추를 제대로 꿰맬 수 없다. 즉 처음이 꼬이면 모든 것을 다시 처음부터 해야 한다는 뜻이다.

우리의 일상도 마찬가지이다. 아침에 일어나 그날 하루의 첫 단추를 어떻게 꿰매느냐에 따라 그날의 성과가 달라진다. 내가 혼자 일하면서 터득한 첫 단추 이론의 골자는 지독하게 하기 싫은 일을 최우선으로 끝내버리는 것이다. 이를 위해 나는 매일 아침 다이어리에 과업 목록을 작성한다. 간단하게 그날 해야 할 일들을 뽑은 후 그 중에서 지독하게 하기 싫은 한 가지 일을 정한다. 그리고는 그 일을 하루의 시작으로 실행한다.

반드시 해야 하는 일임에도 불구하고 하기 싫다는 이유로 그 일을 미루는 순간 우리의 하루는 망가진다. 그 일은 계속해서 머릿속을 맴돌며 당신을 괴롭힌다. 다른 일들을 처리하더라도 그 일이 계속 마음에 걸려 찝찝하다. 이런 상태로 결국 그 일을 다음 날까지 미룬다면 그 날 하루를 만족스럽게 느끼기는 어렵다. 침대에 눕는 순간까지 계속해서 스트레스를 받을 가능성이 크다.

그러나 당신이 지독하게 하기 싫다고 느끼는 일을 하루 일과 중 가장 처음으로 처리해버리면 하루를 가벼운 마음으로 시작할 수 있다. 속는 셈 치고 시도해봐라. 싫어하는 일을 처리해버린 이후에 다른 일들은 마주해보면 별거 아니라고 느낄 것이다. 그렇게 남아 있는 다른 일들은 모두 별 부담 없이 해결할 수 있다. 실제로 나는 이 방법을 통해 나태해졌던 나를 다시 목표를 향해 걸어가도록 만들었다.

나는 최대한 뇌의 피로도가 덜한 상태에서 해야 할 일들을 처리하려고 노력한다. 그 노력 중 하나가 아침에 일어난 후 스마트폰을 보지 않는 것이다. 혹시나 알람을 맞춰야 하는 일이 생기면 인공지능 스피커로 알람을 설정한다. 그렇게 곧장 잠에서 깬 후 졸음을 쫓고 나서 다이어리 작성하면서 하루의 첫 단추를 꿰맨다. 내가 뿌듯한 마음으로 매일 저녁 하루를 리뷰할 수 있는 배경에는 이런 첫 단추 이론이 큰 역할을 한다고 생각한다.

# 자가 동력 이론

　　종종 우리는 자신을 독려하는 일에 무척 인색한 모습을 보인다. 힘들어하는 주변 사람들에게는 응원의 이야기를 건네고 동기부여 하면서도, 스스로에게는 그러지 않는다. 그러나 자기 자신을 직접 돌보지 않으면 남들도 나를 존중하지 않는다. 본인의 삶을 이끌어 가는 것은 자기 자신이다. 이 사실을 명확하게 인지해야 한다.

　　우리가 끊임없이 실행하며 나아가기 위해서는 스스로 동력을 만드는 것이 필요하다. 당신의 정신에 최고급 연료를 매일같이 넣어 줘야 한다. 어떻게? 이번에 소개할 '자가 동력 이론'을 활용하면 그것이 가능하다. 이제부터 당신은 간단한 자기 암시를 통해 돈이 들지 않는 최고의 동기부여를 할 수 있을 것이다.

자가 동력 이론은 간단하다. 시작은 당신이 하고 있는 행동의 결과를 끊임없이 상상하는 것이다. 당장 반복되고 지겨운 활동을 하고 있더라도, 그 활동의 끝에 당신이 위치할 곳을 상상한다. 이때 정말 현실이 된 듯이 구체적으로 상상하는 것이 중요하다.

예를 들어 이제 막 블로그 운영을 시작해서 매일 같이 정보성 콘텐트를 작성하고 있다면, 가까운 한 달 뒤 모습을 구체적으로 상상하는 것이다. 매일 같이 콘텐트를 생산한다면 한 달 뒤 당신은 30개의 콘텐트를 보유한 블로그의 주인이 된다. 그렇게 쌓은 콘텐트를 기반으로 당신의 정보를 소비하는 사람들이 생기기 시작한다.

다음으로 그 상황에 도달했을 때 내가 어떤 것을 할 수 있는지 그리고 그 행동의 결과는 어떻게 나올지 구체적으로 상상한다. 한 달 후 몇 명의 인포디언스가 모이면 그들로부터 의견을 들을 수 있다. 그때부터 콘텐트 소재를 찾기가 수월해질 것이다. 그러면 지금처럼 매일 콘텐트를 올리기보다는 양질의 콘텐트를 2~3일에 한 번씩 올리는 방식을 채택해서 조금 더 수월하게 일을 할 수 있다. 이후에는 수익화를 위한 활동에 쓸 시간이 생길 것이다.

이것은 간단한 자가 동력 만들기의 예시다. 블로그를 처음 열어 무작정 글만 쓰다 보면 며칠 안 돼서 저조한 반응에 실망한 나머지 포기하고 나가떨어질 가능성이 있다. 그러나 자가 동력 이론을 적용하면 한 달 후에 벌어질 구체적 장면이 계속해서 머릿속을 떠다닐 것이다. 내가 상상한 한 달 후에 모습이 나의 동력이 되는 셈이다. 그러므로 상상은 구체적일수록 좋다. 막연한 상상보다 구체적인 상상이 당신에게 더 큰 동력으로 작동하기 마련이다. 당신의 상상이 현실이 되는 순간은 분명히 온다.

자가 동력 이론은 장기적 과업뿐만 아니라 하루하루 일과에도 적용할 수 있다. 앞서 우선순위를 설정한 방법대로 일을 나눴다면, 하기 싫은 일들을 먼저 처리했을 때 당신에게 벌어질 일들을 구체적으로 상상하는 것이다.

'이것만 처리하면 남게 되는 일은 외부 미팅뿐이군! 바람도 쐬고 괜찮은 하루를 보낼 수 있겠어!'

이처럼 가까운 미래를 머릿속으로 계속해서 그려보는 것은 행동을 이끌어주는 힘이 된다. 그리고 그 행동으로써 상상 속 미래는 현실이 될 것이다. 미래를 예측하는 가장 좋은 방법은 당신이 그 미래를 만드는 것이다.

그러니 당장 실행하길 바란다. 그다음 뒤에 일어날 일을 상상해라. 자신을 아끼며 스스로 끊임없이 좋은 연료를 줘야 한다. 자신을 스스로 사랑하지 않으면서 남에게 인정받기를 바라는가? 항상 자신을 보듬어줘야 한다. 누가 뭐래도 당신이 지닌 가치는 뛰어나다. 당신은 무엇이든 해낼 수 있는 존재임을 명심하기 바란다.

▶ 돈을 못 버는 사람들은 대부분 공통된 삶의

태도를 보인다. '열등비교'를 바탕으로 한

합리화. 열등비교를 달고 사는 사람은 무엇도

할 수 없다. 그들을 위한 명언이 있다.

'하고자 하는 자는 방법을 찾고,

하기 싫어하는 자는 핑계를 찾는다.'

>>>>

# 경제적 자유로 가는 마인드셋

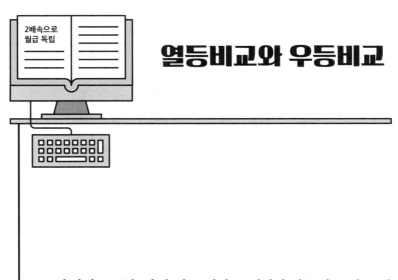

# 열등비교와 우등비교

나에게는 돈을 많이 벌고 싶다는 메일이 하루에도 몇 통씩 온다. 내가 운영하는 카페에 가입 신청서도 하루 평균 20건 이상씩 들어온다. 그러나 그들 대부분이 사이드 허슬로 작은 수익조차 만들지 못한다. 당연히 인포디언스를 모으기 위한 활동에는 근처에도 못 간다. 나는 애초에 메일을 읽고 가입 신청서를 보는 시점에 '이 사람은 온라인으로 수익을 만들기에는 아직 어렵겠구나' 하는 것을 느낀다. 어떻게 바로 추정할 수 있을까?

돈을 못 버는 사람들은 대부분 공통된 삶의 태도를 보인다. 그중 대표적인 것이 '열등비교'를 바탕으로 합리화하는 태도다. 열등비교가 무엇인지 설명하기 위해 내가 경험했던 이야기를 잠시 들려주겠다.

내가 빈털터리가 된 후 온라인 채널을 구축한 지 7개월쯤 지났을 무렵이다. 한 회사로부터 같이 일해보지 않겠냐는 제안을 받았다. 그 회사는 수백억의 외부투자를 유치한 유망한 스타트업이었다. 회사가 운영된 기간은 짧았지만, 워낙 빠르게 성장해서 내가 합류할 당시 약 80명 정도의 직원이 있었다.

회사가 기술 기반의 IT 회사였기 때문에 경영진은 특허를 무척 중요하게 생각했다. 그래서 사내에는 특허 인센티브 제도가 있었다. 직원들이 특허 아이디어를 제안해서 출원이 결정되면 회사는 100만 원의 인센티브를 지급했다. 여기서 중요한 점은 특허가 특허청에서 최종 검토돼서 '등록 결정'이 되면 인센티브를 받는 것이 아니라, 출원만 해도 인센티브를 받는다는 것이다. 한 달에 두 개씩 아이디어를 제안해서 출원된다면 연봉은 무려 2,400만 원이나 증가한다. 과연 직원들은 열심히 특허 아이디어를 냈을까?

놀랍게도 80여 명의 직원 중 특허 아이디어를 내는 인원은 몇 명 없었다. 특이한 점은 아이디어를 내는 사람만 매달 계속 내고 있었다는 것이다. 그중에서도 특허 괴물로 불리는 기획팀의 한 직원이 있었다. 그는 매달 아이디어를 4개 이상씩 제안했다. 그의 아이디어는 월평균 3건 이상 출원이 됐다. 그 결과 상당한 인센티브를 받을 수 있었다.

　몇몇 사람들은 그를 보며 기획팀이 특허를 내기에 유리하다고 이야기했다. 대부분 이런 반응이었다. "기획팀은 프로그램 기능을 구상하다 보니 특허 거리가 많을 수밖에 없지." 마치 본인 역시도 기획팀 소속이었다면 충분히 특허 아이디어를 잔뜩 낼 수 있었을 거라는 투로 말하는 직원들이 꽤 많았다.

　그러나 기획팀에서도 특허 아이디어를 제안하는 사람은 기획팀장과 그 직원이 전부였다. 또 누군가는 이렇게 이야기한다. "개발하는 엔지니어들이 유리하지. 서류 작업만 하는 우리는 특허 낼 만한 게 어디 있겠어?" 그런데 그 말을 듣고 있는 엔지니어들은 어떨까? "코딩 말고 우리가 뭐 할 것이 있나. 아이디어는 실제로 프로그램을 운용하는 사업팀이 더 많을 수밖에…" 열등비교를 통한 합리화가 무엇을 뜻하는 지 이제 감이 오는가?

　열등비교는 남과 나를 비교하며 남보다 내가 못할 수밖에 없는 '합리화'의 변명을 지속적으로 찾아내는 태도다. 이런 태도는 당신이 현재 만족스러운 상황에 놓여 있지 않더라도 그것이 당신의 잘못은 아니라는 마음의 안정을 준다. 그런데 이 안정감이 당신을 평생 가난하게 만들지도 모른다.

　인간은 누구나 강점과 약점을 가지고 있다. 나 역시도 강점과 약점을 모두 가지고 있는 지극히 평범한 인간이다. 평범한 인간이 성공하기 위해서는 무엇이 필요할까? 아주 간단하다. 강점을 극대화하고 약점을 줄인다. 약점을 완전히 극복해내지 못해도 상관없다. 약점을 인정하고 그것을 줄이기 위해 노력하면 그만이다. 중요한 건 강점을 극대화하는 것이다. 이 간단한 진리를 방해하는 것이 바로 악마 같은 '열등비교'다.

회사에서 특허 관련 세미나를 한다고 나에게 짧은 발표를 시켰다. 내가 회사에 합류하자마자 특허 아이디어를 몇 가지 제안했고, 그중 일부가 출원되었기 때문에 다른 동료들에게 동기부여 하라는 것이었다. 당시 나는 '열등비교'를 그만하라는 메시지만 전달했다. "누구나 서로 자신이 불리하다고 생각하지만 그건 핑계일 뿐이다. 본인의 포지션에서 더 유리하게 알 수 있는 정보를 가지고 아이디어를 찾아 제안하면 된다."라고 말이다.

그다음 달 사내 특허 아이디어 제출 건수는 40건에 가까웠다. 매월 10건도 안 되었던 이전과 비교해보면 놀라운 숫자다. 태도의 변화는 효과가 확실했다. 다들 각자의 업무 영역에서 자신이 가진 지식을 바탕으로 아이디어를 구상하고 제안했다. 태도의 작은 변화만으로 이렇게 큰 차이가 나타날 수 있다는 점에 나 또한 놀랐다. 조직에서도 이런 효과가 나타나는데 개인의 삶에서 열등비교를 없앨 수 있다면 얼마나 큰 인생의 변화가 일어날까?

당신의 삶을 원하는 방향으로 끌고 가기 위해서는 열등비교를 내려놓고 '우등비교'를 해야 한다. 우등비교는 열등비교와 반대로 자신이 그 일을 남보다 잘할 수밖에 없는 이유를 찾는 태도다. 당신이 상대적으로 유리한 이유를 찾아 그 강점을 집중해서 활용하는 것이 좋다. 남들이 나보다 유리할 이유는 접어두어도 좋다. 내 강점의 날을 날카롭게 갈아낸다면 남들의 강점과 충분히 맞설 수 있다.

지금도 열등비교에 빠진 사람들은 아무것도 시작하지 않고 있을 가능성이 크다. 유튜브를 시작하겠노라 마음만 먹고 실행하지 못하는 이들은 대다수 다음과 같은 이유를 댄다.

"나는 외모가 출중하지 못해서 좀 불리한데, 얼굴을 가리고도 괜찮으려나?"

그렇다면 외모가 출중한 사람은 뭐라고 할까?

"나는 언변이 없는데 유튜브는 사실 말빨이 좋아야 하는 거 아니야?"

주변에서 소위 화술이 좋기로 소문난 사람에게 가보면 그는 또 이렇게 답할 것이다.

"우리 회사는 겸업이 금지되어 있어서 말이야. 유튜브는 정말 하고 싶은데 현실이 나를 붙잡네."

열등비교를 달고 사는 사람은 무엇도 할 수 없다. 그들을 위한 명언이 있다. '하고자 하는 자는 방법을 찾고, 하기 싫어하는 자는 핑계를 찾는다.' 더 이상 핑계를 찾지 말고 방법을 찾아 스스로 삶을 개척하는 인생을 살기 바란다.

# 사기꾼이 되지 마라

콘텐트를 바탕으로 비즈니스 할 때는 가르쳐 줄 수 있는 것 이상을 가르치려 하면 안 된다. 자신이 가르칠 수 있는 것 이상을 가르치려 할 때 사기꾼이 된다. 간혹 인지도를 얻은 후 인터넷을 대충 뒤져서 찾은 지식으로 문어발식 교육을 전개하는 사람들이 있다. 그렇지만 이런 행동은 절대 하지 말라고 당부하고 싶다.

사업은 고객을 위한 일이고 가치를 제공하는 일이다. 무엇보다 집중해야 할 것은 돈이 아니라 고객이다. 그러나 돈에 눈이 멀어 고객을 현혹하고 속여먹는 능력만 키운다면 그것은 사업이 아니라 사기에 가깝다. 해보지 않은 것은 가르치지 말고, 가르치기 전에는 반드시 경험해야 한다. 오늘날의 인포디언스들은 똑똑하다는 걸 명심하길 바란다. 신뢰를 잃는 순간 모든 것을 잃을 수 있다.

그러므로 공부와 연구를 게을리하지 마라. 돈을 벌기 시작하더라도 스스로 발전에 계속해서 투자해야 한다. 기업이 신제품을 개발하기 위해 지속적으로 연구개발비용을 투자하듯이 우리는 고객들에게 제공하는 상품인 나를 갈고 닦아야 한다. 교육과 새로운 도전에 투자해야 한다. 지식과 경험이 곧 상품이기 때문에 공부하는 행동 자체가 우리 사업의 R&D(Research & Development) 활동이다.

이때 당신이 지식의 융복합을 항상 염두에 두며 사업을 진행했으면 좋겠다. 끊임없이 새로운 지식을 습득하고 동시에 경험의 폭을 늘려라. 그렇게 축적된 지식의 양이 증가함에 따라 지식 융복합이 더 방대하게 일어난다. 그 단계까지 갈 수 있도록 자신에게 투자하는 것을 아끼지 마라. 모든 것이 망해도 지식과 경험은 당신 안에 쌓인다. 그렇게 절대 잃지 않는 자산이 된다. 그렇게 되면 당신은 넘어져도 언제든 다시 일어날 수 있다.

자신에 대한 교육에는 인색하면서 남들에게 교육비를 강요하는 이상한 사람들도 더러 있다. 가진 것 이상을 팔려고 하지 말고, 해줄 수 있는 것 이상을 해주겠다고 공수표를 날리지 마라. 이것만 지켜도 당신이 사기꾼이 되는 일은 없다. 나는 가면증후군에 빠지는 사람들도 문제지만 거짓 전문가 행세로 고객들에게 피해를 주는 사람들이 더 문제라고 생각한다.

충분한 인포디언스를 모으고 인지도가 높아지면 이런 유혹에 빠지기 쉽다. 나 역시 많은 유혹의 순간들이 있다. 내가 전혀 모르는 영역에 대해서도 고가에 강의 요청이 들어온다. 물론 급하게 지식을 쌓아 그럴듯하게 강의를 할 수는 있겠지만 그게 맞는 것인지 고민을 하게 된다. 한번은 고민의 과정에서 이런 생각을 하게 되었다. '만약 강의료가 얼마 되지 않았다면 내가 지금처럼 고민하고 있을까?' 답은 '아니다' 였다. 그 분야는 내가 앞으로도 집중해서 비즈니스를 할 영역은 아니었기 때문이다. 그렇다면 이번만을 위해 얼치기로 강의를 하게 될 것이 뻔했다.

지식 콘텐트 비즈니스를 하면서 돈만을 바라보고 의사결정을 하는 순간 자기 자신을 잃어버릴 가능성이 크다. 동시에 소비자들과의 신뢰는 무너진다. 사업을 하는 사람이 돈을 무시할 수는 없지만, 돈이 1순위가 되면 지식 잡상인이 돼버릴 것이다. 그건 내가 바람직하다고 생각하는 디지털 보헤미안의 모습이 아니다. 나는 자유를 위해 살고 싶은 것이지 돈의 노예가 되고 싶은 것은 아니다.

나는 스스로 자신감 있고 떳떳하게 비즈니스 하되 고객과 지식 앞에 늘 겸손한 사람이 되기 위해 노력한다. 당신도 나와 같은 자유주의자라면, 고객과 지식 앞에 늘 겸손했으면 좋겠다. 나는 우리 사업의 장점은 스스로 발전함과 동시에 돈을 벌 수 있는 점이라고 생각한다. 그러므로 이 사업의 장점을 스스로 포기하지 마라. 계속 발전하고 능력을 키워 고객에게 충분한 가치를 전달하고 언제든 넘어져도 일어날 수 있는 힘을 길러라.

# 끝을 보지 못 하는
# 세 가지 이유

여태껏 살아오면서 어느 하나 '끝장'을 본 적이 없는 삶을 살아왔는가? 매사 이것 조금 해보다가 지쳐서 포기하고, 다시 저것 조금 해보다가 포기해버리곤 하지 않았는가? 사실 이것도 내 이야기다. 나는 무엇 하나 진득하게 끝을 본 적이 없었다. 항상 나를 주변 사람들과 비교했고, 그때마다 늘 남의 떡이 더 커 보였다. 그렇게 내가 나아가야 할 길을 꾸준하게 가지 못했다.

한때 부업이 유행하면서 유튜브, 블로그, 쇼핑몰 창업 등에 이미 도전해본 사람들이 있을 것이다. 도전하는 과정에서 어땠는가? 당신이 3개월째 어떤 활동을 하고 있는데 수익이 안 난다. 그때 누군가가 1개월 만에 다른 활동으로 수익을 냈다는 말을 듣고는 그가 하는 활동으로 갈아타 본 적이 있을 수도 있다. 왜 이런 결정을 하게 될까?

　나는 크게 세 가지의 원인이 있다고 생각한다. 첫 번째는 우유부단함이다. 본인 스스로 자신의 삶에 대한 확신도 없고 주체적인 결정도 내리지 못한다. 어떻게 해야 할지 고민만 많고 의사 결정력은 약하다. 의사 결정력을 늘리기 위해서는 공부를 하고 지식을 쌓아야 하는데 심지어 공부도 안 한다. 주변에는 그런 사람이 많다. 의사 결정력을 키우기 위해서는 실패를 경험해야 한다. 그러나 사람들 대부분은 실패를 두려워한다. 결국에 두려움에 가득 찬 사람들은 아무런 선택을 하지 않는 상황으로 자신을 몰고 간다.

　두 번째로 남들에게 지나치게 관심이 많다는 점이다. 남의 인생에 관심이 많을수록 자신의 인생을 살지 못한다. 계속해서 다른 사람의 삶과 자신의 삶을 비교한다. 이미 오랜 고통을 버텨내고 무언가를 성취한 사람과 비교하거나, 운이 좋아 짧은 시간에 반짝 성공을 이룬 사람을 보면서 자신이 하고 있는 일은 잘못됐다고 생각한다. 이런 비교는 당신이 한 가지 일을 지속하지 못하게 만든다. 남들이 뭘 하든 내가 결정하고 선택한 길을 꾸준히 밀고 나가야 한다.

　마지막으로 열정이 냄비처럼 들끓는다. 무엇을 진득하게 끝내지 못하는 사람들은 의외로 열정이 넘치는 경우가 많다. 문제는 이 열정이 단기적인 열정에 그친다는 것이다. 빨리 끓는 만큼 쉽게 식어버린다. 새로운 도전을 시작했다고 하면서 주변에 떠벌리기만 좋아한다. 그 순간에는 마치 당장이라도 세상을 바꿀 것만 같다. 열정의 힘으로 달려들어 어느 정도 열심히 하는 모습을 보인다. 그러나 그 열정은 금방 식어버리고 만다. 이런 사람들은 얼마 되지 않아 다른 사람들을 보고 그들을 따라가는 결정을 한다.

아마 이 세 가지가 모두 자신의 이야기라고 느껴지는 사람들이 있을 것이다. 그러나 걱정할 필요 없다. 바뀌면 된다. 나 역시 세 가지 유형을 벗어나질 못했다. 지금부터 자신을 바꾸는 방법을 알아보자.

첫째로 우유부단함을 고치기 위해서는 모든 것을 스스로 결정하는 연습을 해야 한다. 당신의 삶의 작은 부분부터 시작하기 바란다. 점심 메뉴조차 못 고르면서 스스로 미래를 결정할 수 있다고 생각하면 오산이다. 점심 메뉴를 고르는 것부터 시작하자. 어찌 됐든 스스로 결정하고, 맛이 없다면 본인의 결정에 대한 대가로 받아들이면 된다. 옳았던 결정과 옳지 못했던 결정의 데이터가 쌓이면서 당신의 결단력은 점차 상승할 것이다. 오늘부터라도 '뭐 먹을래?'라는 동료의 질문에 '아무거나'라는 대답을 하지 않는 것부터 시작하도록 하자.

두 번째로 남의 인생에 지나치게 관심이 많은 사람은 인생을 넓은 관점에서 바라봐야 한다. 우리 모두 인생에서 오르막과 내리막이 있는 롤러코스터를 탄다. 당신이 하향기에 있을 때, 주변의 누군가는 상승기에 있을 수 있다. 그러나 비록 당신이 하향기에 있다고 할지라도 스스로 할 일을 꾸준히 밀고 나가면 반드시 상승기는 오기 마련이다. 반대로 비교하던 대상은 지금은 상승기에 있을 수 있지만, 언제든 하향기를 맞이할 수 있다.

　본인이 결단을 내리고 밀고 나가는 일이라면 그냥 해라. 남들이 무언가를 이루는 게 쉬워 보여도 겉으로 보이는 게 다가 아니다. 겉보기엔 쉬워 보여도 그 사람의 눈물 섞인 노력의 결실일 가능성이 크다. 혹여 정말 단순히 운으로 쌓아 올린 모래성이라면 머지않아 무너질 것이다. 이런 사실은 당신에게도 똑같이 적용된다. 눈물 섞인 노력 없이는 성공할 수 없다. 설령 운으로 성공하더라도 금방 무너질 것이다.


　세 번째로 열정만 들끓는 사람들은 열정을 내려놓고 꾸준함을 길러야 한다. 불같은 열정은 빠르게 타오르지만 결국 냉철한 끈기가 열정을 이긴다. 묵묵히 자신이 결정한 일을 하루하루 행동으로 바꾸는 힘이 끈기다. 복권에 당첨돼 일확천금을 얻어도 꾸준하게 복리의 수익을 쌓은 워런 버핏(Warren Buffett)보다 부자가 될 수는 없다. 당신이 온라인에서 비즈니스를 쌓겠다고 마음먹었다면 꾸준하게 밀고 나가라. 나 역시 과거에는 열정을 목이 터지도록 외쳤지만, 그런 사람치고 꾸준한 사람을 이기는 경우를 보지 못했다.

나에게 공황장애를 안겨준 CEO의 재직기간은 열정으로 가득 차 있었다. 가파른 성장을 외치며 달린 결과 2년 반 만에 내게 남은 건 번아웃밖에 없었다. 열정으로 나를 태웠지만 결국은 재만 남은 셈이다. 그 뒤로 나는 열정은 조금 내려놓은 채 끈기와 실행력을 합쳐 이전과는 다른 나를 만들어가고 있다. 아이러니하게도 천천히 가리라 생각했지만, 오히려 결과는 빠르게 나타났다. 결과적으로 겨우 1년 반 만에 이전에는 상상도 못 하던 책을 쓰고 있지 않은가? 인생은 단거리 달리기가 아니다. 제풀에 지쳐 쓰러지지 마라. 좋든 싫든 삶은 장기전이고, 그 안에서 당신은 끈기를 가지고 싸워야 한다.

# 규칙을 만드는 사람

당신이 살아가는 삶의 형태는 누가 규정했을까? 왜 당신은 스스로 삶의 형태를 규정하지 못하고 정해진 틀 안에서 살고 있는가? 그이유는 주체성이 부족하기 때문이다. 사람은 대부분 게으르고 자기관리를 못 한다. 그래서 통제하지 않으면 무한정 자유를 추구하는 것이 사람의 본능이다. 특히 인간은 육체의 편안함을 항상 추구한다. 앉으면 눕고 싶고, 누우면 자고 싶은 게 사람이다. 그래서 우리대부분은 통제된 삶 속에서 살아간다.

나 역시 통제된 삶에 아주 익숙한 사람이다. 중고등학교 시절 땡땡이 한 번 쳐 본 적이 없으며 제도권의 교육에서 엇나갈 생각을 해본 적이 없다. 그냥 시키는 것만 열심히 하는 학생이었고, 그 덕분에사회가 정해놓은 정규교육이라는 틀 안에서 좋은 성적을 받을 수 있었다. 대학교에 가서도 수업을 땡땡이치거나 하지 않았다. 그렇게 성인이 된 후에도 통제된 규칙을 잘 따르는 삶을 살았다.

그런데 언제였을까? 나는 이런 생각을 했다. 모든 규칙은 사람이 만든 것이다. 그리고 그 규칙은 계속해서 변한다. 불과 20년 전만 해도 모든 직장인이 토요일에 출근했다. 회사에서 야근은 당연한 일이었다. 당시의 규칙은 주에 6일을 일하는 것이었으며, 하루 10시간 근무는 기본적인 것이었다. 지금은 어떤가? 주 5일 일을 하며 하루 8시간 일을 하는 것이 보편적 규칙이다. 몇몇 회사는 주 4일을 시도해보는 곳들도 있다.

이 모든 규칙은 누가 만드는 것일까? 분명한 사실은 사회에는 규칙을 만드는 사람이 있고 그 규칙을 따르는 사람이 있다는 것이다. 다수가 합의를 통해 사회적 규율을 정립한다고 생각하겠지만, 사실은 소수의 주체적인 사람들에 의해 우리 사회의 규칙은 계속해서 진화하고 있다.

우리는 그렇게 누군가가 정한 규칙에 안에서 그것을 수용하며 그냥 그렇게 살고 있다. 만약 하루아침에 '이제 모든 직장인은 하루 14시간 일을 해야 한다!'라고 한다면 당신은 그렇게 일할 것인가? '말도 안 되지. 그러면 그만두고 내 일을 해야지.'라고 생각하는가? 그럼 왜 지금은 하지 않는가? 언제까지 통제받으며 삶을 살아갈 것인가?

　한 가지 더 이야기를 해보자면 90년대 초반까지만 해도 모든 장소에서 흡연했다. 회사 사무실에는 자리마다 재떨이가 있었고, 회의실은 담배 연기로 자욱했다. 드라마에서도 배우들이 흡연하는 장면을 쉽게 볼 수 있었다. 당시에는 공공장소에서의 흡연이 당연한 일이었고 모두가 당연하게 받아들였다. 당신이 만약 90년대 초반에 음식점을 운영했다면 '우리 가게에서는 흡연하시면 안 됩니다. 비흡연자 고객들을 위한 배려입니다.'라고 할 수 있었을까?

　지금은 어떠한가? 식당에서 담배를 피우는 순간 모든 사람으로부터 눈총을 받을 것이다. 국민건강증진법에 의해 벌금까지 내야 한다. 그때는 맞는 규칙이었지만 지금은 틀린 규칙이 됐다. 그럼 지금 당신이 따르고 있는 규칙들 역시 미래에는 틀린 규칙일 수 있지 않을까? 그런데도 그냥 남들이 정하는 대로 계속해서 따라다니기만 할 것인가?

　사실 회사에 8시간을 앉아 있더라도 불필요한 일로 낭비하는 시간과 멍하게 보내는 시간을 제외하면 생산적인 시간은 길지 않다. 채 2시간이 안 될 수도 있다. 본인이 주체성을 가지면 하루 2시간만 일을 하면 된다. 나머지 시간은 불필요한 업무를 줄이고 취미 생활을 하거나 개인 발전에 시간을 쓰고 사랑하는 사람과 시간을 보낼 수 있다. 그러나 우리는 주체성이 없어 통제를 선택한다. 이제는 주체성을 갖고 룰을 주도할 수 있는 그런 사람이 돼야 한다.

그렇다고 사회적인 약속을 모두 무시하라는 말은 아니다. 하지만 적어도 자신의 인생의 규칙은 자기 스스로 정해야 한다는 말이다. 내 인생에서 중심축이 되는 규칙을 남이 정하는 순간 당신에게 자유란 그저 꿈만 같은 소리가 될 가능성이 크다.

이 책을 여기까지 읽은 사람들은 아마 시간적 자유에 대한 갈망이 큰 사람들일 것이다. 우리가 최선을 다한다면 통제 속에서도 금전적 풍요는 얻을 수 있다. 그러나 시간적 자유는 통제하에서 얻어지기 힘들다. 나는 계속해서 강조했다시피 진정한 자유는 경제적 자유와 시간적 자유과 함께 어울어진 상태다. 경제적인 자유만으로 만족스러운 삶을 살 수 있다면 통제된 상황이 나쁘지만은 않을지도 모른다. 하지만 만약 본인이 주체성과 통제 중 통제를 선택하는 삶을 살고 있다면, 시간적 자유의 가치를 되새겨 보길 바란다.

모든 규칙은 결국 인간이 만드는 것이다. 그렇다면 당신 삶의 규칙은 당신이 만들길 바란다. 남들에게 피해 주지 않고 헌법에 어긋나는 행동만 하지 않으면 된다. 남을 위해 살지 말고 온전히 자기 자신을 위해 살아라. 자신의 의사로 결정하고 행동할 수 있는 것, 그것이 곧 주체성이다.

# 이제라도 늦지 않았다

    이 책에서 중점적으로 이야기한 인포디언스를 모으는 일은 단기적으로 눈에 띄는 결과가 나오지 않는 활동이다. 어쩌면 당신은 하루하루 가시적인 성과를 볼 수 없음에 지쳐갈지도 모른다. 올바른 길을 가고 있는 것인지, 확신이 들지 않아 포기하고 싶은 순간들로 가득할 것이다. 그럴 때마다 당신이 옳은 길을 가고 있는지 알고 싶다면 한 가지만 확실하게 확인하도록 해라.

    '지금 하고 있는 일이 미래에도 남는 일인가?'

    당신이 쓰는 글, 당신이 만든 영상, 당신이 만든 이미지는 10년 뒤에도 당신이 지우지 않는 한 남아 있을 것이다. 살아생전에는 무명이었던 미술가의 작품이 사후에 재평가를 받고 천문학적인 금액에 낙찰되는 경우를 본 적이 있을 것이다. 당신이 지금 하고 있는 창작 활동이 10년 뒤에 당신을 먹여 살릴지는 알 수 없다. 그러나 한 가지는 확실하다. 그 일은 미래에도 계속 남는 일이라는 것이다.

어떤 사람들은 삶을 근시안적인 태도로 바라본다. 당장에 무언가가 나오지 않으면 행동하지 않는다. 미래까지 존재하며 우리 삶에 큰 이익을 가져다줄 활동보다는 당장 몇천 원의 수익을 안겨주는 활동을 선호한다.

단적으로 이야기해보면, 내 삶의 변화를 지켜보며 나를 부러워한 사람 중 내가 알려준 방법을 그대로 실행한 사람은 채 몇 명이 되지 않는다. 어느 순간 어떻게 지내는지 물어보면 결국 당장 눈에 보이는 결과를 찾아 다른 활동을 하고 있었다. 1년 뒤에 되돌아보면 생각도 나지 않을 일을 가지고 밤잠 설치며 고민한다. 그러다가 정작 중요한 일을 하지 못한다.

당신이 작년 이맘때 어떤 일로 고민을 했는지, 당신은 작년에 어떤 일들을 걱정하며 시간을 허비했는지 기억나는가? 그 당시에는 큰일이라고 생각하며 많은 시간을 써가며 근심했던 그 일들이 왜 지금은 기억조차 잘 나지 않을까? 인생을 큰 틀에서 보면 정작 그때의 고민은 정말 중요한 일이 아니었기 때문이다.

중요한 일을 하지 않고 시간이 지난 후에야 후회하는 것은 아무런 소용이 없다. 항상 우리는 무언가를 이룬 사람들을 보며 이야기하곤 한다. '나도 그때 저 사람하고 같이 시작했으면 저 정도는 됐을 텐데.' 이런 후회의 말은 의미가 없다. 그저 자신이 패배했다는 사실을 주변에 알리는 것밖에 안 된다. 지금부터 그런 말은 필요 없다. 후회하고 있는 그 시점에라도 시작하면 그만이다. 물론 대부분 후회로만 그치고 행동까지 이어지지 않기 때문에 삶은 항상 그대로이다. 나는 수많은 사람이 나의 이메일과 카페 가입을 통해 이렇게 이야기하는 것을 봐왔다.

'이제라도 시작하려고 합니다.'

'이제라도'라는 문구를 보면 그들이 이전부터 실행의 중요성을 인지하고는 있었다는 생각이 든다. 더불어 '이제라도'라는 말에서는 과거에 무언가를 시작하지 않았음에 대한 후회의 감정이 상당 부분 느껴진다.

나의 목표는 이 책을 보는 당신만은 미래에 '이제라도'라는 말을 하지 않는 것이다. '그때 그 책을 보고 바로 실행했다면' 이라든지, '이제라도 나만의 인포디언스를 모아봐야겠다'라는 생각은 당신의 삶에서 지웠으면 한다. 10년 후에도 당신의 삶에 남을 것은 무엇인지 확실하게 인지하기 위해 노력해야 한다. 그렇게 미래에 후회하지 않기 위해 지금 바로 시작하길 바란다.

아마 당신의 일상 속에서 꾸준하게 밀고 나가야 하는 일이 있을 것이다. 어쩌면 지겹도록 반복되는 것 같아 끈기를 가지고 '버텨야' 하는 일로 느껴질지 모르겠다. 하지만 그런 일이 당신의 삶에 더 중요한지도 모른다. 당신이 매일 블로그에 남긴 글들이 미래에도 남는다. 당신이 새롭게 익히는 지식과 기술, 경험들 또한 미래에도 남는다. 결국에 큰 틀에서 미래에 남는 건 창작과 학습이다.

나는 내 인생에 있어 미래에 남을 일을 하기 위해 이 책을 썼다. 그리고 여러분들이 인생에 있어 미래에 남을 일을 만들었으면 하는 마음에 이 책을 썼다. 당신의 인생에서 미래에도 남을 일은 무엇인가? 이 책을 읽고 느낀 미래에 남을 일은 무엇이라고 생각하는가? 스스로 질문을 던져보길 바란다. 고민 끝에 떠오르는 답이 있다면, 지금부터 고민하지 말고 실행해라.

## 에필로그

### 이제 당신의 인포디언스를 모을 차례다

교복을 입고 중학교에 다니던 시절을 떠올려봐라. 아마 기억에 남는 몇 가지 장면들이 떠오를 것이다. 눈을 감고 그때의 기억들을 더 끄집어 내보자. 좋아했던 친구, 싫어했던 친구, 학교 안의 풍경, 수업 시간의 한 장면, 좋았던 기억, 좋지 않았던 기억… 그 순간에 존재하고 있는 중학생인 자신의 모습을 보라. 교복을 입고 학교에 다니는 그때 '당신'은 현재의 당신이 살아가는 모습을 상상조차 할 수 있었을까? 당신이 지금 하는 일, 어제 한 일, 관계를 맺고 있는 주변 사람들, 지금 살고 있는 환경. 이 모든 것들을 조금이라도 상상할 수 있었겠느냔 말이다.

나는 문득 이런 생각을 하다가 내 미래를 어떻게 그려야 할지 생각이 깊어진 적이 있다. 10년 후, 20년 후 나는 어떤 일상을 살아가고 있을까? 또 내가 그때 살아가고 싶은 일상은 어떤 일상일까? 10대 시절의 내가 현재의 나 자신을 볼 수 있었다면 만족스러운 미래라고 생각할 수 있었을까?

꼬리에 꼬리를 무는 이와 같은 생각 끝에 한 가지 명확해진 것이 있었다. 미래의 나는 '후회'하지 말아야 한다는 것. 그렇다면 최소한 후회하지 않는 삶을 살아야 한다. 그리고 그런 삶은 남들이 만들어주지 않는다. 오로지 현재의 내가 미래의 나를 만든다. 현재의 당신은 무엇을 하고 있는가? 무언가 해보겠다는 다짐을 하고는 3일도 안 되어 무너져 나태한 하루하루를 보내고 있지는 않은가?

요즘 내 삶에는 하루 사이에도 다양한 기회들이 끊임없이 생겨난다. 모든 기회가 내 콘텐트를 좋아해 주는 감사한 인포디언스들 덕분에 일어나고 있다. 내가 아직 부족한 사람임에도 이렇게 책을 쓸 수 있었던 까닭 역시 그들이 있기 때문이다. 혹여나 이 책을 읽는 동안 나의 부족한 글솜씨로 인해 고통받은 독자가 있다면 사과의 말을 전하고 싶다.

　이 책을 쓰는 동안 스스로 많이 성장할 수 있었다. 책에서 이야기한 '지식 융복합'이 책을 집필하는 동안 내 안에서 끊임없이 이뤄졌다. 그렇게 새로운 도전은 지식과 경험을 놀라울 만큼 확장한다는 사실을 책을 쓰면서 다시금 느꼈다. 나는 내가 모아온 인포디언스들에게 앞으로 더 좋은 모습을 보여줄 수 있도록 다양한 도전을 해나갈 예정이다. 그 도전 중 하나가 어디선가 과거의 나처럼 자유를 갈망하고 있는 사람들을 보다 효과적으로 돕는 것이다. 나는 그 시작으로 이 책을 썼다.

　이 책을 읽으면서 아직은 스스로 콘텐트를 만드는 능력 자체가 부족하다고 느껴지는 사람들이 있을 것이다. 이런 사람들은 당장에 무엇을 해야 하는지만 간단하게 이야기하겠다. 가장 중요한 것은 글쓰기 능력이다. 영상과 이미지, 오디오 콘텐트도 모두 글쓰기에서 시작된다. 우선 자신이 가진 정보를 사람들에게 효과적으로 전달할 수 있는 글쓰기 실력을 키우는 데 노력을 기울이길 바란다.

다음으로 각 플랫폼에 대한 이해도를 높이는 공부를 한다. 유튜브, 블로그, 인스타그램 관련 책과 강의를 통해 전반적인 소셜 미디어에 관한 공부를 한다. 이는 당신이 향후 인포디언스를 모아가는 과정에서 효과적인 전략을 수립하는 데 도움이 된다.

인간의 심리에 관한 공부와 간단한 디자인 툴을 다룰 수 있는 공부도 필요하다. 심리학을 공부하지 않고 사람들을 모으는 건 어려운 일이다. 성공하기 위해서는 심리에 대한 이해가 필수다. 디자인 툴은 간단하게만 다룰 수 있으면 된다. 이미 온라인에서 템플릿을 통해 쓸 수 있는 무료 툴이 많으므로 그런 것들을 몇 분 만져보며 익히는 것으로 충분하다. 이것은 당신이 무슨 채널을 운영하든 쓰는 기술이므로 직접 익혀두는 것이 좋다.

다음으로 말하기 능력을 키워라. 글쓰기가 어느 정도 되면 정보를 말로 전달하는 능력을 함께 키우는 것이 좋다. 결국에 당신이 강의를 하든 컨설팅을 하든 고객에게 효과적으로 정보를 전달하기 위해서는 말하기 능력이 뒷받침돼야 한다. 많이 읽고 많이 쓰고 많이 말해라. 이 과정을 계속 반복하며 기초적인 능력을 배양할 수 있다.

끝으로 카피라이팅에 대해 공부해라. 카피라이팅은 한 마디로 설명하면 '글로 하는 세일즈'다. 카피라이팅 실력이 부족하면 좋은 콘텐트와 상품을 만들고도 시장에서 외면당하게 된다. 사람들의 이목을 끌고, 글 하나로 고객을 충분히 설득할 수 있는 강력한 카피라이팅 실력을 쌓을 수 있도록 관련 공부를 하는 것 역시 기초능력 쌓기로 생각해야 한다.

정리하면 지금 당장 콘텐트를 만들 능력 자체가 없다고 생각될 때는 여섯 가지 능력을 쌓아라. 글쓰기, 채널에 대한 이해, 심리학, (아주 기초적인) 디자인, 말하기, 카피라이팅이 그 것이다. 이 여섯 가지는 당신의 인포디언스를 모으는 데만 필요한 능력이 아니다. 어떤 분야든 성공하기 위해서 필수적으로 익혀야 하는 능력들이라고 생각한다. 마음만 먹는다면 돈을 들이지 않고도 모두 배울 수 있는 것들이니 꼭 익히기를 당부하고 싶다.

끝으로, 누군가는 나에게 묻는다. 그래서 당신이 얼마나 부자냐고, 건방지다고. 이런 질문을 들으면 분하다. 그렇다. 나는 부자가 아니다. 질문한 사람에게 분함을 느끼는 것이 아니라, 나에게 분함을 느낀다. 내가 지금 부자가 아닌 것은 나를 제외한 그 누구의 책임도 아니다. 전적으로 나의 책임 이다. 그래서 나는 내 삶에 책임을 지고 부자가 될 것이다.

이 책을 전부 읽었다면 여러분은 느낄 수 있을 것이다. 지 난 2년간 나는 빈털터리에서 시작해 2배속으로 달려왔다. 그 리고 이제는 4배속으로 달려갈 것이다. 달려간다고 표현했지 만 내 몸을 갈아 넣으며 일에만 매몰될 거라는 이야기는 결 코 아니다. 나는 열정보다는 끈기로, 지금처럼 자유를 즐기며 묵묵하게 나아갈 뿐이다. 지난 2년간 쌓아온 기반에 의해 내 성장 속도는 급속도로 빨라지고 있다. 그와 동시에 나의 잔 고 역시 열심히 불어나는 중이다.

이처럼 온라인 비즈니스는 마치 눈덩이를 뭉치는 것과 같다. 처음에는 잘 뭉쳐지지 않으며 열심히 굴려도 커지지 않 는다. 지루한 과정이 반복되기 때문에 대부분 이 과정을 버 티지 못하고 포기한다. 그러나 눈덩이는 언젠가 커지기 마련이다. 나는 이 눈덩이를 2년간 만들어왔다. 이제 그 크기가 불어나는 속도는 내가 봤을 때도 깜짝 놀랄 만큼 빠르다. 내가 천천히 실행하더라도 남들보다 4배속으로 나아갈 수 있는 비결이 여기에 있다. 이처럼 끊임없이 배우고 성장하기를 반복하다 보면 그 끝에서 우리는 자연스럽게 부자가 될 거라고 확신한다.

이 책을 통해 내가 지나왔던 것처럼 2배속으로 미래를 만들어 가고자 하는 사람들, 그리고 나아가 나와 함께 4배속으로 장기적인 미래를 만들어 갈 여러분들과 나는 언제까지나 함께 할 것이다. 이 책이 나와 여러분의 관계를 이어주는 시작이었기를 바라며, 내가 운영 중인 여러 채널을 통해 우리 사이에 더 많은 교류가 생성되기를 기대한다.

이제 당신도 반드시 정보 콘텐트 생산에 도전해서 나처럼 하루하루 새로운 삶을 경험해보길 바란다. 이 책을 통해 내가 나눈 지식과 경험이 누군가에게는 충분히 가치 있는 정보로써 활용되기를 희망하며 책을 마친다.

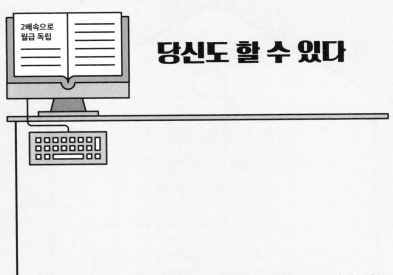

# 당신도 할 수 있다

　　수익을 공개하기 전에 앞서 당부하고 싶은 말이 있다. 단순히 누가 얼마를 벌었다는 가십거리로 넘어가지 않았으면 한다. 그저 바라보면서 '부럽네'라는 생각만 하면 안 된다. 당신은 먼저 온라인 비즈니스를 창출해낸 내가 어떤 분야에서 어떻게 수익을 내고, 어느 사업 부문이 수익이 나는지 분석해야 한다. 내가 수익을 공개하는 이유는 내가 하는 말의 신뢰성을 높이고자 하는 의도도 있지만, 당신도 열심히 움직이면 이 정도 수익은 충분하다는 응원의 메시지를 던지려는 의도가 더 크다.

## ▶유튜브

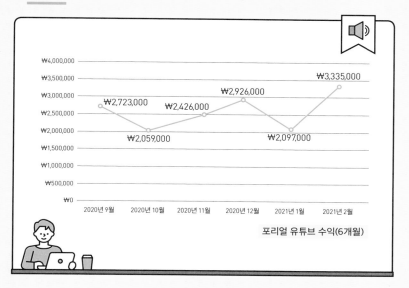

포리얼 유튜브 수익(6개월)

먼저 살펴볼 분야는 유튜브다. 유튜브는 내 메인 플랫폼이자 처음 시작한 채널이다. 유튜브 채널 '포리얼'에서 발생하는 금액은 내 수익의 25~35% 정도를 차지한다. 현재 나는 1주일에 1~2개의 영상을 업로드하고 있다. 여기서 단기적인 수익을 더 발생시키고 싶으면 방법은 간단하다. 영상을 많이 올리면 된다. 하지만 반드시 명심해야 할 점이 있다. 앞서 나는 '양질'의 콘텐트가 중요하다고 말했다. 인력이나 자원이 추가되지 않은 상황에서 무리하게 콘텐트를 더 생산하면 당연히 콘텐트의 질은 떨어질 수밖에 없다. 그러다보면 인포디언스들은 이를 금방 알아채고 우리를 떠나갈 수도 있다. 당부하고 싶은 말은 다른 누군가가 매일 영상을 올린다고 해서 조급해하지 말라는 점이다. 내가 수용할 수 있는 양의 콘텐트만을 사람들에게 제공해라. 그 기준은 역시 콘텐트에서 전달하는 정보의 품질이다.

**▶ 플랫폼 수익 & 웹페이지 수익**

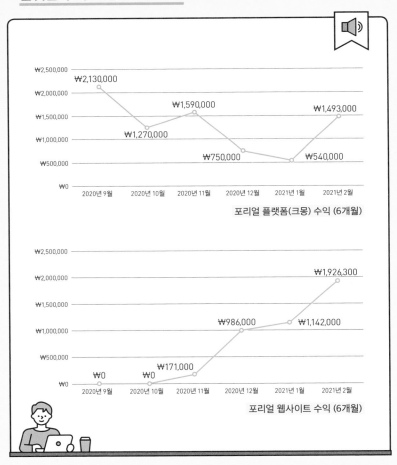

포리얼 플랫폼(크몽) 수익 (6개월)

포리얼 웹사이트 수익 (6개월)

플랫폼 수익과 웹페이지 수익을 같이 묶은 이유는 판매하는 상품이 비슷하기 때문이다. 두 창구 모두 PDF 전자책을 판매해서 수익을 올리는 구조다. 그렇다면 둘의 차이는 무엇일까? 바로 수수료다. 플랫폼을 활용한 판매는 나만의 창구에서 제품을 판매할 때보다 수수료가 많이 든다. 그렇다면 의문이 들 것이다. '굳이 플랫폼을 사용하지 않고 내 웹사이트를 바로 만들면 되잖아?'라고 말이다. 만약 그런 생각을 했다면 조금 반성하고 책의 내용을 다시 떠 올리길 바란다.

Part. 3에서 설명한 콘텐트 수입을 늘리는 전략들을 기억하는가? 그중에 '플랫폼에 올라타서 팔아라'라는 부분을 기억할 것이다. 충분한 인포디언스를 모아 나만의 판매 창구를 만들기 전에는 이미 시스템이 구축된 '장터' 플랫폼을 사용하는 것도 하나의 방법이다. 나는 그중에서도 프리랜서와 소비자들을 연결해 주는 '크몽'이란 플랫폼을 많이 이용했다.

다시 강조하여 설명하지만 크몽과 같은 서비스 플랫폼에는 이미 형성된 고객들이 많으므로 인포디언스가 충분히 모이지 않은 초창기 비즈니스 단계에서 매우 유용하다.

여기서 눈여겨볼 점이 있다. 작년 11월 나만의 판매 창구인 웹페이지를 개설했다. 기존에 크몽을 통해 판매하던 상품과 동일한 상품들을 웹페이지 창구에서 팔기 시작했다. 그러자 12월과 1월의 플랫폼을 이용한 판매량이 눈에 띄게 감소했다. 여기까지는 나도 예상했던 바였다. 하지만 예상치 못했던 것은 2월부터 웹페이지 판매량도 올라가지만 크몽을 통한 판매도 계속 늘어나고 있다는 점이다. 이 점은 현재 책을 마무리 중인 3월에도 마찬가지다. 이런 현상 속에서 나는 다양한 파이프라인을 구축하는 것이 단기간에는 인포디언스를 분산시키는 단점이 있을 수 있지만, 결과적으로 새로운 인포디언스와 닿는 영역이 넓어진다는 생각을 했다. 다양한 수익구조를 만들어야 하는 이유를 하나 더 찾은 셈이다.

## ▶강의

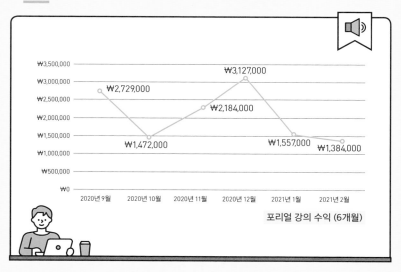

포리얼 강의 수익 (6개월)

그다음으로 볼 수익 파이프라인은 강의다. 강의는 '마이비스킷', '트렌드헌터', '해피칼리지'등 다양한 플랫폼과 채널에서 진행하고 있다. 이때 중요한 점은 내가 강의를 통해 수익을 얻는 구조가 대부분 VOD 판매 방식이라는 점이다. 라이브 강의 제안을 받아 실시간 강의를 하기도 하지만, 대다수 수익은 소위 '인강'이라 불리는 녹화 강의 판매에서 일어나고 있다. 그 말은 앞서 말했던 전자책 판매처럼 모든 것이 자동으로 이뤄진다는 소리다. 처음에 강연을 찍어서 올리는 것만 제외하면 말이다. 하지만 그럼에도 수익적인 측면에서 유튜브에 뒤를 이어 두 번째로 높은 수익을 내고 있다.

강의를 진행할 때는 스피치가 중요하다. 강의를 듣고 있는 사람들이 내용을 이해하며 잘 따라오고 있는지 염두에 두며 내용을 전달해야 한다. 강의는 기본적으로 '소통'이다. 실시간 강의의 경우 듣는 이들이 지루해하거나 이해를 못 하는 것 같은 느낌이 든다면 주의를 환기하며 상황을 이끌어 갈 수 있어야 한다. 혼자 기계처럼 내용을 줄줄 읊기만 한다면 강의 내용이 아무리 좋아도 수강생들은 만족감을 크게 느끼지 못할 것이다.

여기서 중요한 점이 하나 더 있다. 바로 글을 쓰는 능력, 라이팅이다. 순발력만으로 좋은 강의를 만들기는 쉽지 않다. 근간이 되는 것이 바로 강의 내용을 글로 잘 정리할 수 있는 능력이다. 사실 글쓰기 능력은 모든 콘텐트 비즈니스의 기본 소양이라고 생각한다. 잘 완성된 글을 바탕으로 강의안을 만들고 로봇처럼 이야기하지 않도록 충분히 연습해라. 자신이 평소 말을 잘 한다고 생각하는데, 강의 평가가 좋지 않다면, 대본을 기계처럼 읽고 있는 것은 아닌지 의심해보기 바란다.

### ▶1:1 코칭 & 컨설팅

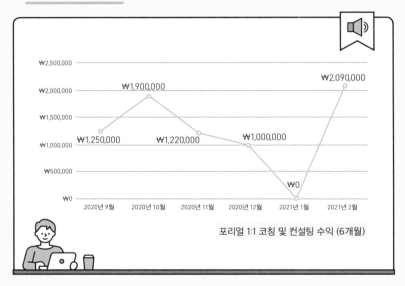

포리얼 1:1 코칭 및 컨설팅 수익 (6개월)

    1:1 코칭과 컨설팅은 다양한 방면에서 신청을 받고 있다. 서비스 주제도 유튜브 컨설팅 같은 지엽적인 주제부터 1인 지식창업 컨설팅까지 폭넓게 다루고 있다. 하지만 모든 주제를 가리지 않고 신청받는 것은 아니다. 나는 신청을 받기 전에 반드시 사전 신청서를 받

는다. 거기에는 신청자의 현재 상황과 목표 등을 적게 하고 있다. 이유는 간단하다. 소비자 만족도를 유지하기 위함이다. 아직 아무것도 준비가 되지 않은 상황에서 컨설팅을 받으면 뻔한 도움밖에 줄 수 없다. 최악의 경우에는 고객에게 그다지 도움이 안 될 수도 있기 때문이다. 도움이 되지 않는 컨설팅에 비싼 돈을 지불한 소비자는 기분이 좋을 리 없다. 그런 사람들에게는 컨설팅을 나중에 받으라고 말하며 우선적으로 간단한 과제를 준다. 물론 모든 신청자를 받아서 컨설팅을 진행하면 수익은 좀 더 발생할 수 있다. 그러나 비즈니스를 생각한다면 장기적 관점에서 바라보아야 한다. 당장 눈앞에 있는 수익만을 생각하지 말고 고객과 발걸음을 나란히 하며 윈-윈 하는 방법을 찾기 위해 노력해라.

여담으로 1월에는 컨설팅을 진행하지 않았다. 컨설팅에 앞서 가이드가 필요하다는 생각이 들었고 책을 집필하기 시작한 기간이기 때문이다.

## ▶ 유료 모임

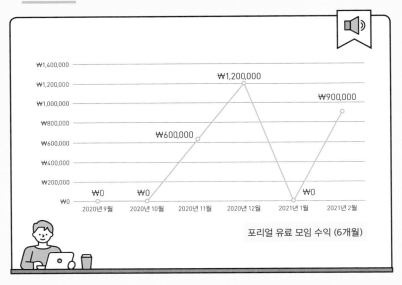

포리얼 유료 모임 수익 (6개월)

다음으로 이야기할 수익 파이프라인은 유료 모임이다. 2020년 10월 새로 구축한 수익 창구다. 물론 기존에 오픈 카톡 등 다양한 무료 모임도 운영했지만, 수익 파이프라인으로써 모임은 10월부터 시작했다고 봐도 무방하다. 유료 모임은 소규모로 진행되고 일정 인원 이상을 받지 않는다. 이유는 역시 소수일 때 개인에게 더 좋은 서비스를 제공할 수 있기 때문이다. 그런 이유인지 기수별로 운영되는 유료 모임의 경우 재참여율이 상당히 높다.

유료 모임의 경우 한 가지 주제만을 다루고 있다. 최근 들어 많이 늘고 있는 블로거들을 위한 클래스다. 블로그에 맞는 글을 쓰는 방법을 알려주고 블로그에서 인포디언스를 모으는 방법들을 설명해주고 있다. 여담으로 1월에 수익이 발생하지 않은 것은 내가 게을러서가 아니다. 열심히 우리의 월급 독립을 위한 글을 쓰고 있었다.

## ▶제휴마케팅

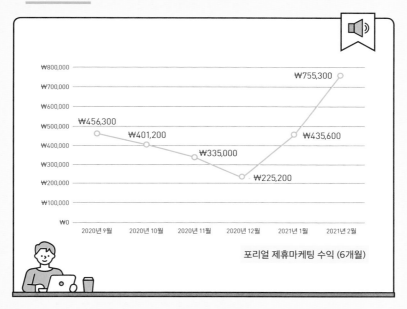

포리얼 제휴마케팅 수익 (6개월)

제휴마케팅 부문은 종류가 엄청 다양하다. '쿠팡 파트너스', '노마드 태스크'등 다양한 플랫폼과의 제휴를 통해 수익을 창출하고 있다. 쿠팡 파트너스는 이제는 많이 알려진 서비스로 쿠팡에 등록된 상품 중 홍보하고자 하는 상품의 유입 링크를 받아 대신 홍보하고, 해당 링크를 통해 구매자가 발생하면 수수료를 받는 방식이다. 나는 쿠팡 파트너스를 2020년 7월 시험 삼아 시도하였고, 당시 월 30만 원 정도의 수익을 만든 후 관리하지 않고 있다. 인포디언스를 기반으로 창출한 수익이 아니었기 때문에 나의 주된 수익화 도구로 쓰고 있지는 않다. 그런데도 아직도 월마다 작은 수익을 계속해서 가져다주고 있다.

'노마드 태스크'는 기업으로부터 제안을 받아 제휴마케팅을 진행한 사례다. 내 채널에 모인 인포디언스들이 그들의 주된 서비스 타깃층과 유사했기 때문에, 서비스 소개와 함께 제휴마케팅을 제안해온 것이다. 나는 서비스를 살펴본 후 인포디언스들에게 도움이 될 수 있겠다 싶어 영상을 통해 해당 서비스를 소개하고, 나를 추천인으로 하는 가입링크를 달아두었다. 영상을 본 많은 시청자가 서비스에 가입하였고 그 안에서 수익을 창출하며 나에게는 일정 부분의 수수료가 들어오고 있다. 이것은 쿠팡 파트너스와 달리 내가 인포디언스들을 기반으로 제휴마케팅을 한 사례다.

제휴마케팅은 다른 부문보다 발생하는 금액은 적지만 그만큼 신경 쓸 부분도 적다. 우선 다른 수익 파이프라인에 비해 크게 신경 쓸 일이 없다. 자동화 측면에서 보면 무척 효율적이라고 볼 수 있다.

## ▶커뮤니티 광고

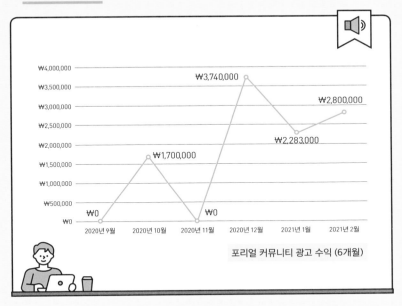

포리얼 커뮤니티 광고 수익 (6개월)

커뮤니티 광고는 건당 수익으로 봤을 때는 가장 높은 수익률을 자랑한다. 하지만 커뮤니티 광고는 정기적인 활동이 아닌 경우가 많다. 주로 광고주의 의뢰를 받아 진행하는 만큼 내가 원하는 시기에 확정적인 수익을 만들기 어렵다.

이 중 대표적인 활동이 바로 브랜디드 콘텐트다. 당신의 채널을 광고판처럼 사용해 다양한 제품과 서비스를 홍보하는 활동이다. 이때 중요한 것이 있다. 당신이 만드는 콘텐트 성격에 벗어나는 제품이나 회사를 마구잡이로 광고하면 안 된다. 분야를 막론한 무분별한 광고는 당신의 콘텐트 성격을 일그러뜨리고, 소비자들이 등을 돌리는 계기로 작용한다. 반드시 이 점을 명심하고 광고를 받도록 해라. 대부분 처음 광고가 들어오면 설렘에 이를 간과하고 진행하는 경우가 많다.

본인의 콘텐트 성격과 부합하는지 여부와 함께 제품과 서비스 자체에 대한 검토도 이루어져야 한다. 요즘에는 저품질의 상품을 만들어 놓고 인플루언서를 활용하여 마케팅만을 대대적으로 하려는 기업들이 성행한다. 인포디언스들에게 피해를 주지 않기 위해서는 직접 제품과 서비스에 대해 검토하는 자세가 필요하다. 인포디언스 비즈니스는 영향력을 기반으로 하는 것임에 반드시 그 책임감을 지녀야 한다. 당신의 인포디언스에게 도움이 될 수 있는 제품과 서비스만을 광고할 수 있도록 해라.


커뮤니티 광고는 단순히 브랜디드 콘텐트만 있는 게 아니다. 여기에는 특정 단체의 홍보대사 활동, 기타 매체 홍보출연 등 다양한 활동을 포함하고 있다. 이때도 주의할 점은 브랜디드 콘텐트와 비슷하다. 특정한 단체나 매체와 연관된 활동을 할 때 당신의 콘텐트 성격과 비슷한 단체와 같이 움직여야 한다. 더 나아가 홍보를 의뢰하는 단체의 성격도 잘 봐야 한다. 사회적 이슈가 있는 단체와의 콜라보는 나에게도 영향이 갈 수 있으니 주의하도록 한다.

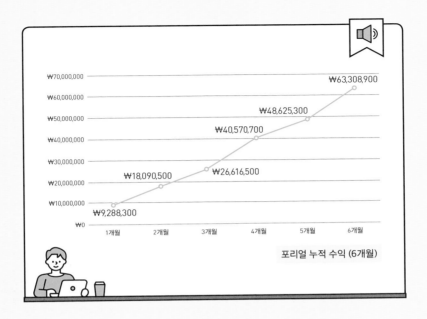

₩70,000,000
₩60,000,000
₩50,000,000
₩40,000,000
₩30,000,000
₩20,000,000
₩10,000,000
₩0

₩63,308,900
₩48,625,300
₩40,570,700
₩26,616,500
₩18,090,500
₩9,288,300

1개월  2개월  3개월  4개월  5개월  6개월

포리얼 누적 수익 (6개월)

마지막으로 보여 준 그래프는 앞서 말한 수익 파이프라인별 수익을 총합한 자료다. 처음에는 고민도 했지만, 이제 새로이 자유를 위한 여정을 시작하는 당신에게 동기부여가 됐으면 하는 마음에 결정을 내렸다.

이제부터는 당신의 차례다. 이 책 전반에 걸쳐 역설했던 것처럼 실행하지 않으면 의미가 없다. 빙글빙글 돌면 길을 찾아왔던 나도 1년 6개월 만에 소기의 목표를 달성했다. 그렇다면 처음부터 가이드를 제대로 잡고 시작하는 당신은 더 빠르게 목표를 달성할 수 있다고 믿어 의심치 않는다. 꼭 실천으로 옮겨서 멋지게 성공하리라 믿는다.

## 2배속으로 월급 독립

초판 1쇄 인쇄 2021년 3월 22일
초판 1쇄 발행 2021년 3월 31일

**지은이** 김준영
**펴낸이** 권기대

**총괄이사** 배혜진
**편집팀** 백상웅, 송재우
**디자인팀** 김창민
**마케팅** 황명석, 연병선
**경영지원** 설용화

**펴낸곳** 베가북스 **출판등록** 2004년 9월 22일 제2015-000046호
**주소** (07269) 서울특별시 영등포구 양산로3길 9, 2층
**주문·문의** 전화 (02)322-7241  팩스 (02)322-7242

ISBN 979-11-90242-77-6

이 책의 저작권은 지은이와 베가북스가 소유합니다. 신저작권법에 의하여 한국 내에서 보호받는 저작물이므로 무단 전재와 복제를 금합니다. 이 책 내용의 전부 또는 일부를 이용하려면 반드시 저작권자의 서면 동의를 받아야 합니다.

＊ 책값은 뒤표지에 있습니다.
＊ 잘못된 책은 구입하신 서점에서 바꾸어 드립니다.
＊ 좋은 책을 만드는 것은 바로 독자 여러분입니다.
　베가북스는 독자 의견에 항상 귀를 기울입니다. 베가북스의 문은 항상 열려 있습니다.
　원고 투고 또는 문의사항은 vega7241@naver.com으로 보내주시기 바랍니다.
＊ 베가북스에 대한 더 많은 정보가 필요하신 분은 홈페이지를 방문해주시기 바랍니다.

vegabooks@naver.com  www.vegabooks.co.kr
 http://blog.naver.com/vegabooks vegabooks VegaBooksCo

초판 한정 『**2배속으로 월급 독립**』 출간 기념!

**포리얼 온라인 특강** | SPECIAL COUPON

# ₩19,600

『**2배속으로 월급 독립**』 초판 독자들에게 포리얼의
<돈 되는 글쓰기 특강 + 카피라이팅 12블록 테크닉 특강 패키지>
(정가 19,600원)를 무료로 시청하실 수 있는 혜택을 드립니다.

**유효기간**  2021년 3월 31일 ~ 2021년 6월 30일

**안내사항**  본 권은 현금으로 교환 또는 환불되지 않습니다.

**사용방법**  ❶ QR코드 인식 > ❷ 경자타도 스쿨 접속 > ❸ 회원가입 >
❹ VOD 강의 메뉴 선택 > ❺ 돈 되는 글쓰기 특강 + 카피라이팅 12블록
테크닉 특강 패키지 (19,600원) > ❻ 구매하기 > ❼ 쿠폰 번호 입력 >
❽ 결제금액 0원 확인 > ❾ 결제 후 마이페이지에서 다운로드 및 강의 시청

**안내사항**  쿠폰번호 91D572587CE0A